每一个平凡的日子都值得我们铭记

每一个孩子都可以成为生活的作家

上学记

王琼 编著

长江出版传媒
长江文艺出版社

图书在版编目（CIP）数据

上学记 / 王琼编著. -- 武汉 ：长江文艺出版社，
2020.7
(回归教育本真. 江汉魅力教师书系)
ISBN 978-7-5702-1583-6

Ⅰ. ①上… Ⅱ. ①王… Ⅲ. ①作文－小学－选集
Ⅳ. ①H194.4

中国版本图书馆 CIP 数据核字(2020)第 079080 号

责任编辑：叶　露　　　　责任校对：毛　娟
封面设计：笑笑生设计　　　　责任印制：邱　莉　　胡丽平

出版：长江出版传媒 | 长江文艺出版社
地址：武汉市雄楚大街 268 号　　　　邮编：430070
发行：长江文艺出版社
http://www.cjlap.com
印刷：湖北新华印务有限公司

开本：720 毫米×970 毫米　　1/16　　印张：15.5
版次：2020 年 7 月第 1 版　　　　2020 年 7 月第 1 次印刷
字数：165 千字

定价：38.00 元

出版前言

教育以人为本，旨在培养身心健康和谐发展的人。法国十八世纪启蒙主义思想家卢梭提出过一个精辟的观点——“教育即生长”，他认为儿童的发展应遵循其自然的、内在的成长规律，教育要服从自然的永恒法则，适应儿童的天性发展。这于今天仍具有积极的现实意义。当下学校办学，回归教育本真，遵循教育规律，按教育规律办事应成为常态。

教育面向未来，培养社会发展需要的人。2016年，教育部发文要求教育应培养“全面发展的人”，学生应具备人文底蕴、科学精神、学会学习、健康生活、责任担当、实践创新六大素养，明确了学生应具备的、能够适应终身发展和社会发展需要的必备品格和关键能力。

小学教育是整个教育的基础，是基础教育的重要组成部分。关于在小学阶段如何实行本色教育，培养学生核心素养，武汉市江汉区做了积极的探索。江汉区教育局自2010年起开展本色教育研究，探索出了一系列“本色教育”的教学实践策略，开发了许多区域课程，出版了大量本色德育教材等等。此外，在这静水深流的几年时间里，江汉区涌现出了许多拥有先进的教育思想、饱满的工作热情、朴素的育人情怀以及勇于超越自我的优秀教师。《回归教育本真——江汉魅力教师》系列丛书就是这些奋战在小学教育一线各个不同岗位的学科教师、班主任、管理者的作品，集中展现了他们的所思所想所得。希望本套丛书能不断激发教师专业发展的内动力，推动教师队伍的发展；也希望本套丛书能给广大教育工作者提供些许有益的启发和借鉴。

编者的话

我从事教育已经三十年了，上过的课记不清了，但教过的孩子还记得不少。孩子们随着心智的逐渐成熟，在他们的记忆中，初中、高中乃至大学的生活可能会令他们有更深刻的印象，有更浓烈的情感。而作为一个小学教师，孩子们留给我的却是最童真、最可爱、最无邪、最稚嫩的时光。我总是觉得这样的日子看上去很漫长却又无比短暂，虽然很充实却又好像不着痕迹。我总想留下些什么，留下他们在校园里活泼的身影，留下他们蹒跚成长的瞬间，留下他们逐渐丰盈的灵魂。

所以除了语文教学的常规单元习作外，我还会让孩子们写日记，有时命题，有时不命题。命题的时候是本周有比较特殊的日子、特别的事件希望孩子们不要错过；不命题时，我又会启发他们这个星期、这个月有哪些可以去发现的“小沮丧”“小惊喜”“小确幸”。引导他们珍惜友情、学会团结、享受课堂、心怀感恩、学会反思……

2010—2012 年，我指导孩子们将自己的日记向《武汉晨报》的“晨报作文”专刊投稿，先后三十几个孩子的文章在晨报上刊登，激发了那一届孩子的写作热情。2013 年担任新一届孩子的语文老师和班主任后，我又办起了自己班级的文学刊物《暖暖阳光》，用来登载孩子们的随笔或习作，前前后后三十多期的专刊，积攒起他们丰富的成长历程。2017 年，我有了自己的微信公众号“雨辰的黑板”，我将这一届指导孩子们写的日记，定期在公众号里“发表”，然后分享在班级群里，并给予“稿费”的奖励。所以只要一提起笔，孩子们就跃跃欲试，期待着成为班级里的“小作家”。

在这个过程中，孩子们学会用发现的目光去捕捉生活：一花一草，一枝一叶，都是生命存在的意义；一字一句、一笔一画，都是写给生活的“情书”。我也特别享受批阅他们日记的时光，那些真诚而又质朴的文字，真挚而又坦诚的情感常常感动着我。这些文字得以出版，对我和孩子们来说是莫大的欣喜。

我们把这些时间长河里的瞬间记录下来，集结成一本《上学记》，让这些看似平凡的生活也闪烁出别样的光彩！

Contents

目录

写在校园里的故事

发现新世界

就这么长大

我爱我班

写在校园里的故事

转动节日的万花筒

趣味体育节

胡子奥

一打铃，我们便兴致勃勃，迫不及待地前往新校区。

一到新校区，哇！好气派呀！教学楼是北楼，其他的在南楼。走进南楼，哦，原来星光小舞台在南楼一楼呀！接着进走道，各种教室呈现在我们眼前！北楼则是主教学楼、录播中心、计算机室、办公室、教室。我又了解到，地下是食堂，一、三、五楼是男厕，二、四、六楼是女厕。

终于，经过小讲解员讲解，我了解了我的新学校，随后便开始了我们期盼已久的趣味体育节活动！

我组织博铭、映天、宬昊一起“闯关”。第一关我们先去了“彩虹球”。“规则是：每个人在指定区域投球，粘在红色目标上为胜利。”裁判老师说。哎，第一轮竟有三人晋级，没办法，我无可奈何，只好来第二局。我十分认真，因为这一局，关乎输赢。我第一个投，“呀！中了！”我小声叫着，再看看其他两个人，哦，一个人都没中！奖品“小卡通便利贴”归我了！我开心地签上名字，拿起了奖品，蹦蹦跳跳地去了“套圈”区。我一看，有两个标记桶，远近各一个，一个人有两发“子弹”，套住了标记桶为胜利！我选中一号位，扔出去了。“中了没，中了没，中了，远的中了！”我小声喊着。第二个不是很顺利，套是套中了，但把标记桶给打翻了！我转眼看向博铭，他已经中了一个近的，正准备投第二个。他弯了一下子腰，双手平举，一扔，中了！桶也没倒！只不过又是近的而已。“一号，签名字，领奖品。”裁判老师说。我看着两个全中，目标也没倒地的博铭，十分疑惑。老师看穿了我的心思，说：“你中了一个远的。”哦，原来如此，博铭虽中2个，但投得没有我远，所以我赢了。

闯完第一关，我们斗志高昂，赶紧前往第二关。我上二楼，来到南楼第一间教室，大叫一声：“不！又是小竹笋——跐压板！”要知道，脚踩在小竹笋上可是超级痛的！但是，想到要盖章，拿奖品，我便深吸了一口气，和博铭一起上了。我走到小竹笋旁，听老师讲规则，“开始时，拿起跳绳，跳 10 个，先跳完的胜利！”老师大声解释道。我们脱掉鞋子，站上跐压板，拿起跳绳，等待开始。“三——二——一，开始！”老师也兴奋地说。我把跳绳甩起来，有节奏地甩呀，跳呀！我十分顺利地跳完了几个，太好了，又有奖品了！我心想。我十分开心，因为我现在已经有 3 个“战利品”了！

随后，我来到“算 24”区。啊！算“24”呀！我可厉害了！要知道，我可是坚持每日算一道“24”呀！老师面前有六组牌，我选了第四组牌，打开看，“8”“2”“3”“8”四张牌等着我。“开始！”老师一声令下，我们便都纷纷打开“思想之盒”。过了好一会儿，一个人都没求出。“提示一下，8 减 2 等于几？”老师说。根据老师提示，我和宬昊差不多同时举手，结果我还是慢了半拍。“8 减 2 等于 6，6 减 3 等于 3，3 乘 8 等于 24。”宬昊脱口而出。于是，快“煮熟的鸭子”飞了！奖品花落宬昊家。虽然我有点失落，但我很快又找到了“保龄球”项目，准备放手一搏。我很轻松地面对比赛，拿起球，重重一击，目标全部被击中！我高兴地拿走了“兰博基尼”——

一块小橡皮。

多么开心的下午，多么特别的体育节活动！这次活动不仅让我练习了手力、脑力，参观了新校区，还看到了我们国际部的美好风貌。

红领巾国际学校的新校区建好啦！孩子们有了更美丽的校园，更优雅的环境，更先进的教学设备！今天孩子们既熟悉了校园，又进行了体育运动，还收获了不少奖品和快乐的心情！

校园美食节

熊子樊

“六一”儿童节的前一天，在新的红领巾国际学校里，我们开展了一次特别的活动——美食文化节。我们班确定的主题是“意大利风情美食文化节”。

头一天老师就布置了分工，有负责绘制主题板报的，有负责意大利文化讲解 PPT 的。老师还给每人布置了一项特别的作业——制作一道意大利美食，到时在班级里分享。想想我就口水直流！

美食节一开幕，占凌野老师和杨传锦老师陆续登上讲台。“今天我们给大家普及一下意大利的足球文化。”占老师说。大家不由得兴奋起来，

说："足球知识谁不知道啊？这肯定难不倒我的。""足球起源于哪里呢？"杨老师问。"America！"张同学大声地说。"不对。"占老师说。这时，李同学回答道："起源于中国的蹴鞠。"只见占老师带着他的奖品走向了李同学，李同学答对了。"请问角旗杆的高度是多少？"我绞尽脑汁地思考。"1.45 米。"我报出一个数字。占老师说道："正确答案是 1.5 米。"我很失落，又一次与奖品无缘。

随后，占老师放了两首歌：《Italy's Summer》和《We Will Rock You》。最后杨老师还让我们看了意大利的足球赛，进一步了解他们的足球文化。这时音乐老师马老师也被我们班的活动吸引了，凑进来和我们一起观看。看完球赛，子骞老师为我们分享了意大利美食文化的 PPT，同学们看得津津有味，巴不得马上开始我们的美食分享活动。

饭点终于到了。我们首先分享了王老师亲手做的芝士蛋糕，那味道冰冰凉凉酸酸甜甜的，让人赞不绝口，大家都非常喜欢吃。我开始下位和同学们交换美食。鲜美的炒饭、Q 弹的空心粉、汁多的水果拼盘、嫩嫩的牛肉，这些美食使我垂涎三尺，我迫不及待地想大吃一通。我吃了一勺鲜美的炒饭、几根通心粉、一大块西瓜，也吃到了美味的牛肉。但我还不满足，又吃了一点沙拉、几块饼干，还有一些面包……多么热闹的意大利美食节，现在整个教室就像一个意大利餐厅！

这时马老师也忍不住了，对同学们说："我是音乐老师，问几个和意大利有关的音乐知识！你们知道著名的意大利男高音歌唱家么？"同学们乱猜一气。马老师告诉我们："帕瓦罗蒂！"我们学过关于帕瓦罗蒂的文章，但我们都不知道帕瓦罗蒂是意大利名人。"你们还知道哪些意大利名人呢？""米开朗琪罗！"我试着喊了一声，没想到我竟然答对了。"我觉得最重量级的意大利名人是哥伦布。"我在课外阅读里看过《哥伦布的地图》这篇文章，所以才会抢着说。接下来马老师还为我们讲述了一些关于意大利艺术的知识……

好了，美食节完美落幕。这真是一次特别的活动，让我们意犹未尽。通过这次活动，我知道了关于意大利的许多文化知识，也知道了一些意大利名人，当然也吃了不少好吃的。

有主题的节日，有意思的内容，有滋味的美食，校园里除了学习还有生活，除了上课，我们还有精彩活动。

特别的礼物

卜佳怡

“六一”儿童节到了，美食节也随之开始了！大家都准备了美味的食品，如鸡翅、披萨、饼干、千层饼、薯条等互相交换。这时，王老师小心地捧着一个大盒子走进教室，盒子里好像装着一份神秘的礼物。大家都十分好奇，停下手中的食物互换，盯着那个大盒子。

但是王老师并没有马上为我们揭晓答案，而是静静地等待着节目的开始：奥文与子奥的街舞表演，智耀的搞笑创作，雨祯的科学作品……节目十分精彩，可是，节目再精彩也不能阻拦我们对大礼盒的好奇心，我们盼着早点揭开大礼盒的神秘面纱。

终于，王老师慢慢打开了礼盒。哇！是王老师亲手做的蛋糕，已经被分成了 49 份，好像是专门为我们切的。老师一个个地分发着，我接过自己的那一份细细地品尝了起来。

蛋糕分为两层，一层巧克力碎，一层是乳酪。我先咬了一口，巧克力真的好苦，这种滋味让我想起了上一次挨批评的事。

那一次，我的作业没有订正完就交了上去。王老师发现后，把我叫到办公室。只见王老师眉毛成倒八字，眼睛瞪得很大，看起来十分严厉。“佳怡，你怎么回事？这一种类型的题目我讲了多少遍？嗯，上课听讲了吗？你怎么可能不会订正呢？”我垂头丧气地回到班上，准备重做。可是无论我怎么想，怎么审题，怎么回忆，终究还是不会做。怎么办哪？这时，王

老师又来到我的身边，看着我，仿佛听到了我的心声，对我说："这一题不会做吗？我再给你讲一遍，你看，蜡烛为什么会被保留？那是因为母亲和子女……一定要记住，上课再认真些，不懂的多问，你一定会有所进步的！""哦，原来是这样啊！我听明白了，谢谢王老师的讲解和鼓励！"王老师既严肃又亲切地朝我点了点头。

我又咬了一口蛋糕，咬到了乳酪，乳酪很甜，比一般的奶油还甜，丝丝滑滑的，又让我想起了上次……

那是冬日里的一天，我们全班参加艺术节演出。我们女生表演的节目叫作《飞天》，一听名字就很神气。那天我们穿得很少、很薄，上穿金衣裳，下穿金裤子，全身上下都是亮片。虽然教室里开着暖气，我们并不觉得太冷，可王老师仍是很担心我们，送来了一大袋火腿、芝士夹心面包，又提来了一小袋牛轧糖。女生们几乎是抢着吃，似乎王老师带来的食品是最甜的。王老师又问我们："穿这么少，冷不冷？"王老师叮嘱我们穿好外套，不要光顾着美，要注意身体。她那么温柔那么亲切……

我轻轻地咬着这乳酪蛋糕，舍不得一口吃完，在嘴里和心里慢慢地品味着……

老师烘焙的糕点对于孩子来说就是最好的"礼物"，他们吃在嘴里，甜在心里。老师对他们的那一份关爱将会始终滋润着他们的心。

我们男孩不记仇

王琼（老师）

艺术节就要在期末考试后开幕，艺术团的老师们也万分忙碌和焦急起来。

我们班的节目也要隆重登场，下午的报告厅热闹而又杂乱，排练进入白热化阶段……

男孩子们的彩排终于在混乱中结束，然后又开始手忙脚乱地换衣服。看着第三小组的配合还那么不默契，我在一旁心生怒火，让他们反思小组成员之间到底有什么问题，为什么每次变换造型都要出纰漏，从始至终都不能团结合作带来的是什么后果！

超的衣服还没换完，就惶恐地对我说他眼镜不见了。哎，还好不一会儿有热心的“岔巴子”帮他找到了。

“超，你是不是有少年健忘症啊？”我没好气地对他抱怨。他讪笑着继续去换衣服。

眼看着走道上站着的“第三组”那歪歪扭扭的姿态，我正待发作，北辰又沁着一脸细汗珠子急三火四地对我说：“老师，我的演出服不见了！”

“你的衣服不是自己放的吗？你的衣服不见了找我有用吗？你自己不能解决吗？你如果自己能解决就不要来找我，你是把我当作了你的保姆吗！”

看着我一脸的烦躁，北辰灰溜溜地自己找去了，不到两分钟我就看见他手里已经拿着自己的服装……

女生开始彩排。我其实一直不太看好舞蹈老师选择的“飞天服”，觉得太“那啥”。但我不能也不敢质疑艺术老师的审美，毕竟我不专业。

直到今天，我才看到了整个舞蹈的真面目——两个年轻的舞蹈老师们婀娜的身姿、女生们清丽的伴舞和她们的服饰相得益彰，大屏幕上古典而又绚烂的背景加上极具空灵、现代感十足的配乐，真是让我有些头晕目眩，我忙着前后左右拍照。

“我能发朋友圈吗？”我激动地问审查节目的刘主任。

“不能！”舞蹈老师和刘主任异口同声地制止了我。

好吧！惊喜、精彩以及惊叹总是要留到最后一刻。

放学时间到了，孩子们换完衣服，赶着回教室收拾好书包去执勤。没执勤任务的孩子们就一起做卫生。我在清理讲台，不经意回头看见北辰在那里默默地擦黑板。

“北辰，老师今天虽然嚼了你几句，但也是要告诉你，自己的事情要学会自己处理，你也有能力去处理，实在是没办法了再来找老师，你能理解吗？”

“嗯，知道！老师，我们温州人不记仇的！”

“记仇……”

“是的，我跟你说老师，我们男孩子都不记仇。”智耀在一旁一本正经地说，“说实话，我们要是跟你记仇的话，这日子就没法过了！”

“……谢谢你们……”

在校园里不只是老师会原谅孩子们的错误，其实孩子们也会原谅老师一时的急脾气。师生间在“耳鬓厮磨”中不断地提升着我们彼此的耐受力。

手影舞

王子航

“快，快点穿好衣服，准备上场了！”随着孙老师的叫喊，我们穿上连体黑衣服，戴上了荧绿色的发光手套，准备在学校艺术节活动中表演独一无二的手影舞。一想到要在学校的历史上“青史留名”了，我心中不由得十分激动。

所谓手影舞，就是在全身黑的情况下，戴上荧光手套，然后关掉全部灯光，在迷茫的黑暗中，经过几个人的配合，在灯光中摆出一个又一个闪闪发光的造型，让台下所有的观众赏心悦目，感受到一种美感。

这时，我们站在后场，前面一个舞蹈节目的音乐已经进入尾声，只听见主持人说道：“接下来，我们欢迎今年艺术节最特别的一个舞——由1401班带来的关于环保主题的手影舞蹈！”说着电脑技术部的老师“刷”的一声就把所有的灯都给关上了。为了保持一定的神秘性，我们把手背在身后，小跑步地站好位置。

随着第一段灵动的音乐响起，王老师柔声地念起那段配词“红领巾一个令师生向往和留恋的乐园”时，我们这一组摆成了一棵大树，只见那棵大树在我们组所有同学的拼装下，变得金光闪烁，好不漂亮！奥文竖着身体做成树干，而一凡与北辰将两只手叠着做树枝，博铭、宇明、明轩和我在其他三个人做成的树干上面摇晃着荧光手套，那就是这棵星

光之树的树叶了。我们有条不紊地进行着，一个动作紧接着另一个动作。在艺术节开始之前，我们天天在舞蹈教室排练节目，所以并不很紧张。

随着第二段美妙的音乐响起，王老师深情的朗诵再一次响起来：“希望孩子们踏上未来的时光机，用速度与激情谱写新的篇章。”接着我们转换动作，伴随着王老师那优美的声音，拼接成一条小河，我们用荧光手套模拟着小河波浪起伏的样子。“这就是那希望的小河，是欢悦的小河。”伴随着王老师那优美的声音，我们又小跑着变幻动作，摆出了时钟的造型，只见这个时钟的秒针与分针正在飞快地流逝，之后我们又变成了一张笑脸。我们做得可细致了，在环境得到保护之后，孩子们都开心极了，纷纷做起了笑脸，小孩子们开始骑自行车在草地上驰骋。地球环境得到了保护，真令人快乐啊！

不知不觉，10 分钟的表演圆满结束了。灯光开启的一刹那，全场掌声雷动。我们向观众鞠躬，我和同学们还有老师一起谢幕。此时，之前排练的种种劳累、种种艰辛都烟消云散了。

子航用文字再次呈现了当时的艺术之美。虽然之前排练的种种劳累、种种艰辛只是一笔带过，但我想排练期间如何磨合、怎样团结协作是会永远留存在大家记忆深处的。

备战运动会

翟宸君

今天这个课间好不热闹。

教室里炸开了锅：男生们在走道上摩拳擦掌，女生们三五成群议论纷纷，虽然声音不大，但怎么也掩饰不了那股兴奋劲儿。为何大家都如此兴奋、喜悦呢？别急，班长大人来也！

李大班长兴冲冲地走上讲台，干咳了两声，十足的“领导范”，一下子就吸引了大家的注意力，“同学们，下周要举办‘趣味运动会’了，想参加的同学前来报名。比赛的项目有 100 米跑、接力赛跑、仰卧起坐……”太

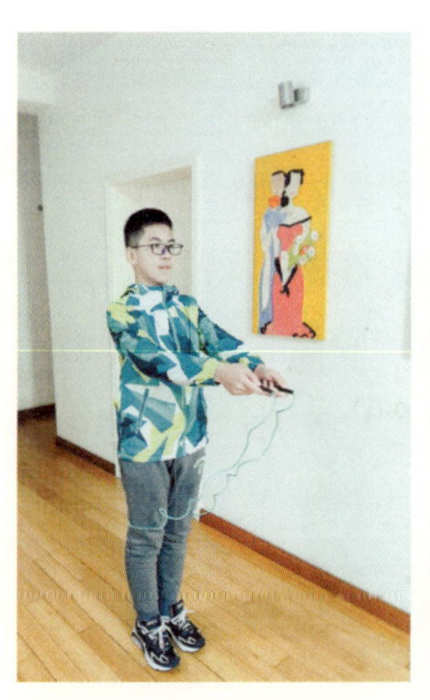

好了！要开运动会啦！

“下周三举行，大家务必今天报名啊！”班长一声令下，几十双小手瞬间唰唰举了起来。

“我要跑 400 米！”

“我要报名仰卧起坐！”

“等等，还有我，我要报立定跳远！”

……

“好了，别急，别急，一个一个慢慢来！”我们的大王——王老师拿着报名单走进了教室。大家报名这么踊跃，我可不能示弱，得积极参与，为班级争光呀！

“‘双摇’谁参加？这可是一个全新的有难度的比赛啊。”话音刚落，大家都灰溜溜地把手放了下来。我却不以为然，更加跃跃欲试，要知道上次跳绳测试我可是全班第一，一分钟跳了 174 个哟！盼星星，盼月亮，终于可以“大显身脚”了，这个项目非我莫属。“我——报名——”霎时，大家朝我投来了羡慕的目光。接下来体育细胞特发达的小杨同学和大长腿美女邵邵也都报名参加了这个富有挑战性的项目。

放学一回到家，我就拿起跳绳练习了起来。我双手紧紧握住摇柄，将绳子置于脚跟后，心里默念：预备——开始！我飞速地将跳绳往前甩，就在绳子快要触到脚尖的那一刹那，我猛地腾空跃起，风在我的耳畔呼啸，我在空中又一次挥动跳绳，绳子穿过了脚底，双摇成功了！天哪！我双摇成功了，我都不知道自己是怎么做到的，只感觉自己的身子如同小鸟一样轻盈灵活，如有神力相助一般！

我高兴地呼喊着：“我会双摇了！我会双摇了！”“儿子，你真棒！一分钟的双摇可是连着跳哟，大跳之间还有技巧，继续加油！”妈妈的鼓励让我信心十足，虽然我才刚刚学会了跳一个双摇，但是无论比赛结果如何，我都会很开心，因为我有目标，我努力了！我奋斗了！

运动会，我来了！

我们不是书呆子，读书体育样样行！宸君同学自从报名挑战这个项目后，天天在家里训练。宸君妈妈不仅帮忙记录儿子双摇的个数还指导跳绳要领，燃烧宸君同学的运动激情！比赛的结果不重要，努力的过程才重要！

拔河比赛

李睿喆

“我在清晨的路上，谁被我遗忘；我在深夜里旅行，谁被我遗忘……”哼着好听的歌，我高兴地来到学校。今天是体育节闭幕式，有拔河比赛，这是我最喜欢的项目了。但一想到有实力的三班和“大胖子”一大团的四班，我的内心可谓是“问君能有几多愁”呀！我走进食堂，北辰一看到我，赶紧过来说道：“睿喆，我昨天在网上查了一些拔河的技巧！”我听到这儿，心里可谓是“问君能有几多喜”呀！“拔河要把主力分在前、中、后三大块，每个同学拔的时候要身体往后倾斜 45°，双腿张开大一些，喊口令‘一，二，拉’，这样保赢！”北辰说完后，我心里仿佛体会到了胜利的喜悦，看到同学们胜利时兴高采烈的样子……我一边想象着，一边听着广播里张老师的声音——“体育节闭幕式决赛马上就要开始了，请同学们和老师们出门站队！”

我们不一会儿就来到了操场。我马上召集拔河队员来商量战术，大家围成一圈，认真听着我的战术。“我觉得我们要身体倾斜 45°，双腿张开一些，我和传锦来喊口令。”我说了自己的意见，“这是北辰昨天在网上查的资料。”大家都把赞许的目光投向了北辰。“我觉得应该让上场的同学们都来喊口令，这样不仅有气势，也可以使同学们各自出力！”玺娓娓道来。“我觉得可取！”超用坚定的重低音回答道。我又跟大家排了一下位置，看看阵容，感觉胜利逃不出我的手掌心。大家也点点头，觉得胜券在握。

五年级的拔河比赛开始了，每班派一名代表抽签。运气不太好，我们分到与三班同组，三班可不是好对付的呢！我们站好了队伍，两个班的气势都特别强，但我们班的气势更盛一些。在比赛时，我的脚尖顶着鞋子，脚磨得好疼好疼，但我们还是不停地喊着口令，一鼓作气，把三班拉倒了。

下午，我们跟四班决赛，他们班更是不好对付，但我们装作志在必得的样子，内心却想着把机会换成胜利。既然走到了这一步，何不拼一把呢？决赛开始了，我们班的选手把绳子握紧，随时准备开始。我们一开始不停地拉，后来四班发力了，双方陷入胶着状态。就听到凌野大喊，我跟大家喊："赶紧发力！"在一旁加油的博铭赶紧跑到后面，跟后面的选手传话。我一回头，看见子航把绳子绑在腰上，拼命往后拉，脸都憋得通红通红的。前面的智耀身体不停地往后倾，脸朝向侧面，上齿和下齿咬得紧紧地，头上的汗珠滚滚流下。顿时我感觉到了一股力量，于是大家拼尽全力，终于获得了年级第一名。大家在操场上自由奔跑，双手举起，像运动员一样欢呼着……

阳光洒落在每个同学的脸颊上，欢呼声回荡在红领巾国际学校的上空。

凡事"预则立，不预则废"，充满拼搏精神的男孩子们研究战略、讲究配合、全力以赴、勇敢拼搏，使得我们的体育节完美收官！

“袋鼠跳”比赛

盛世昌

星期五是学校2019年的体育节闭幕的日子。我们拿着小板凳浩浩荡荡地去了操场。今天在那里要举行足球决赛、篮球决赛、拔河比赛、袋鼠跳等项目。我们班要参加拔河比赛、袋鼠跳，我个子比较矮，块头比较小，力气也不大，便没去参加拔河比赛，于是参加了最容易的一个项目——袋鼠跳。

“袋鼠跳”顾名思义，无非就是人套着一个大布袋子，像袋鼠一样往前跳，从起点呼啦圈开始，一直跳到对面的终点呼啦圈里。

准备开始比赛了。我认为这个比赛很简单，因为前几天我们在体育课上训练过一次，我虽然速度不快，却一跤都没摔。当我走上场时，宸昊、映天劝我往后面排一点，认为我跳得不是很好，我没有听，还是站在第四个。我前面是林康，他那么胖，体重足足是我的 1.5 倍，连他都上了，那我还怕啥？我认为我还不错，便信心满满地准备开始比赛。

随着裁判的一声令下，紧张的“袋鼠跳”比赛就拉开了序幕，只见四个班的第一位选手一听到哨声，几乎在同一毫秒内迅速地穿好了布袋子，他们双手紧拎着布袋子的两端，从呼啦圈内跳了出去，对面的女生又重复同样的步骤，跳了回来。就这样来来往往好几回，就连祝林康也跳得十分顺利。终于要轮到我了，此时 3 班第一，我们班紧跟其后。我赶紧去穿袋子，但心急吃不了热豆腐，我穿了半天的布袋子也没有套上去。后面的宸昊一看时间不够了，又看别人班已经跳了半天，实在看不过眼，赶紧冲上前，一把抓起袋子，一下子就套好跳走了。我别无他法，只好眼睁睁地看着宸昊跳到对面，对面的乐淇又跳了过来。

又轮到我了，这一次我顺利地套上了布袋。我终于松了口气，就开始跳了。我看了一下，我们班只比三班慢一点，我想赶上去，便想“大步流星”往前迈。可我感觉跳了半天，“蜗牛”只前进了一点点，与三班的差距逐渐拉大。我一紧张，不管三七二十一，拼命往前赶，结果一头栽倒在地。哎！我真是太紧张了。我好不容易爬起来，接着跳，可是这一回又开始了“立定跳高”模式，越跳越高，就是跳不远。慢慢地我体力不济，又摔倒了。那时我还挺想一屁股坐在那里，不起来了呢！但我听到了同学们的加油声，便又往前跳！我为了去看其他班的战况，又摔了一跤！王老师看向我，眼神万分焦急，好似在说：“世昌，你快一点啊！”我终于爬了起来，进入了终点呼啦圈。可我忘记了脱下布袋子，径自走开，“啪”，毫无疑问我又摔倒了，好尴尬啊！

赛后，王老师把我拉到一边，又好气又好笑地看着我狼狈的样子，哭笑不得地说：“你要多多锻炼，天天运动。暑假报个体育班，通过锻炼，让自己更协调。”

我沮丧地摸摸脑袋，今天也就这样了，原来锻炼身体是多么重要啊！

体育比赛中输赢固然重要，但培养我们坚持到底的信念和锻炼我们的毅力更重要。同学们要积极参加各种体育活动，只有这样才能全面成长。摔倒了不可怕，落后了不气馁，哪里跌倒就在哪里爬起来！加强运动，锻炼协调能力，明年赛场再见！

科技嘉年华

冯海洋

“嗯，回答正确，科学币加 1。”科学老师说道。我看着科学课代表雨祯在本子上写上了“冯海洋+1”后，我激动地说：“太棒了，我的科学币突破 70 了！”这学期，我们学校有一次科技嘉年华活动，想参加里面丰富多彩的项目得用科学币来换。所以，这学期同学们都疯狂赚科学币。

一转眼，就到了科技嘉年华了，大家站好队，嘴却像麻雀一样叽叽喳喳地讨论个没完，仿佛怎么都表达不了心中的欢喜和激动。“看看我，有一百多枚科学币！”“都有哪些项目哇？”“我的科学币太少了，怎么办？”“听说还有电脑游戏！”“借我几枚科学币吧！”“好，借一还十……”

队伍走走停停地来到活动现场。只见免费区、加油区、游玩区早已摆满各类项目。免费区的一艘艘战船整齐地摆放着，用纸造的桥显得科技感

十足。旁边有一个十分可爱的爆米花机，粉红色的，一定是女生们的最爱。加油区的显微镜像一个严谨的科学家，让人“望而生畏”。游玩区摆放着许多电脑、手办、机器人，男孩子看了两眼直冒金光。

同学们克制不住自己内心的激动，不等老师下口令，就直接冲了过去，玩自己喜欢的项目。刹那间，很多地方都排起了长队，同学们的脸上洋溢着兴奋和欢乐。凌野和超儿正搬弄着激光雕刻手办，准备用科学币换一个。渡弋娴熟地敲击着电脑，玩着同学在电脑编程课上自己编程的游戏——追老鼠。那边宸君和智耀正在利用浮力比赛吹乒乓球。宇明和一凡正在利用自己的空间想象能力，用各种图形拼正方形。诣博正在用显微镜观察微生物以赚取科学币。子奥正在用遥控器操控机器人做出各种舞蹈动作。子航手里紧紧捏着一大把科学币，东瞧瞧西望望，一副舍不得花的样子。一群女生在自制的爆米花机前转来转去，叽叽喳喳地讨论着食材和口味。

我参加了我最喜欢的航模竞速游戏。我操控的是一艘红黄相间的船，刚开始我的船一马当先，把其他船都甩开了。“啊，不好！船撞壁了！”我心里一紧，一艘蓝色的船从我的船边飞驰而过，夺走了我第一的位置。“加油啊，赶超它！”我心里暗自加油，集中注意力，使出浑身解数。终于，我的船与第一名的船距离慢慢拉近……

校园里回荡着同学们的笑声，那么灵动，那么欢悦！

上课积极发言、小组团结合作、动手动脑做手工、收集可回收的废品……同学们努力参与各种科技活动，换来科学币参加科技嘉年华，才有了此时此刻“校园里回荡着同学们的笑声，那么灵动、那么欢悦”的感悟，积极努力是人生应有的态度。

留住美好的瞬间

大家来找茬

胡彦熙

到新学校的第一天，通过大德育课，老师让我们再次认识了新学校的各种标识，要注意的文明礼仪等等，最后老师留下一个悬念——“小侦探找茬”——让我们去寻找中英文标识出错的地方。同学们脸上出现大大的“问号”：“话说这高科技的学校，找得到吗？”“那说不定呢？

你们不去找怎么知道！”老师鼓励我们。话不多说，马上开始侦探的游戏吧！

“丁零零——”下课了，我立刻冲出教室，看指示牌上的单词，搜寻着大脑中的记忆，正左顾右盼，东张西望时，突然看到熊子樊与他的小分队在班门前一个牌子边停下了。熊子樊眉毛一挑，眼睛一转，对其他小伙伴说：“这个英文标识翻译过来是‘老师们就餐中心’，与中文‘老师就餐中心’不搭配！”说罢就向办公室飞奔。我有点不开心了，明明是同时发现的，却被他们领先了！

下了第二节课，我闷闷不乐地走出教室，从一楼看到四楼，每个指示牌的中英文，我都仔仔细细盯着看了一遍，可是依旧毫无收获。这时，我又看向杨斯淇那一组，她们指着指示牌，满脸笑容地叫来了王老师，原来她们也找到“茬”了！我甚至怀疑自己的眼睛有问题了，垂头丧气回到教室——又是一个“竹篮打水一场空”的课间。

第三个课间，我想了想，直奔南楼，从一楼一路来到三楼。不对，这个好像有问题，仔细一看，“卫生间”与“菜园”的标识反了。我一蹦三尺高，兴冲冲地跑向办公室准备向王老师报告。华校长在转角处见我，诧异地问：“什么事呀？这么着急？”“我发现那牌子上的排列出错了，华校长！”“哦！带我前去瞧瞧。”华校长一脸高兴，他扶了扶眼镜，“嗯，不错，来，给你拍张照……”找到茬了，

我顿时放轻松了，侦探游戏完美谢幕。

在新学校第一天的校园生活，学校都反馈在了公众号里。回到家我一看，呵！公众号里还有我找茬的照片呢！找到的错误竟然得到了校长的认可，真是意想不到呀！

作为老师，就应鼓励孩子们挑战权威，敢于质疑和行动，做一个独立思考的人，这样长大后他们才会更自信！彦熙的“执着”，终让自己炫酷了一回！

戏曲进校园

张亦妍

戏曲，大家应该都不陌生吧！什么京剧、越剧、豫剧、秦腔……那么，你们知道什么是楚剧吗？

昨天，王老师告诉我们，今天要去看专业老师表演的楚剧。啥？楚剧？那又是什么？我一脸茫然，脑海里写了一个大大的问号，猜想应该是戏曲的一种吧。为了解开心里的疑惑，于是我查了资料得知：楚剧，俗名为灯戏，是湖北传统的地方戏种，戏曲贴近生活，主要流行于武汉、孝感、黄冈、宜昌……

了解了这么多，今天终于可以放心大胆地看戏了。在表演之前，专业老师给我们介绍了楚剧中“生”“旦”“净”“丑”这些角色。“生”有“小生”，意为年轻的男子。“武生”为会打、会翻的男子。“旦”有“花旦”，为年轻女子。“青衣”为生子之后的妇女。当老师介绍到“彩旦”这个角色时，台下的同学们哈哈大笑起来，有的说：“彩蛋？难道是彩色的鸡蛋吗？”“啊！彩蛋？那不是电影中结尾才有的吗？”同学们的议论传到了老师的耳中。“呵，同学们可别乱想，戏曲中的‘彩旦’，是指在戏曲里扮演丑角的女性，也叫‘丑婆子’！”戏曲中怎么能少了丑？“丑”分为文丑与武丑，文丑为形象幽默的角色，武丑当然是能翻能打的人物。老师还告诉我们“净”也叫花脸，红色代表忠勇，黑色意味刚直，白色表奸邪，蓝色为威猛……

讲了这么多，来看看专家的表演吧！两位专业老师特地为我们排了一场节目。故事的内容主要讲一名女子丢失孩子后，从着急、惊慌失措到最后变得疯癫的故事。我认为主角疯癫后的表演最精彩。为什么这么说呢？因为疯癫后的女主角，几乎没有言语的表达，全部用肢体语言和面部表情来传达她的情感，真的让我感受到台上一分钟，台下十年功啊！

看过精彩的表演，终于轮到我们上场了，这就是互动时间。老师小心翼翼地拿上来两件水袖服，同学们不论男女都“哇”出声来。老师示范了如何舞动水袖翻花后，就邀请了六位同学上台体验，同学们有的“炒花生”，有的“编麻花”，有的干脆“跳绳”，可就是抖不出一朵水袖花。“同学们表演完了，接下来该老师了！”老师话音刚落，同学们不知怎么就齐声喊道：“张老师，孙老师，张老师，孙老师……”就这样，体育老师张老师和舞蹈老师孙老师在我们热情的邀请下上台了。孙老师不愧是舞蹈老师，穿上水袖服以后，马上展示了一段婀娜的舞姿。张老师那一米八几的大高个穿上水袖服，像穿错了衣服似的，显得特别滑稽可爱。他嘴里不停地重复：“怎么搞？怎么搞？”就没见他翻出一朵花，我都替张老师着急了，恨不得上去帮帮他。互动时间到了，孙老师完美地谢幕了，再看看张老师，他连脱带跳地挣脱着水袖服，看得出他想脱离这衣服的渴望不小啊！

“丁零零！”下课了，哎，欢乐的时光永远过得这么快！这次的戏曲进校园，让我了解到楚剧中的行当有哪些，欣赏了楚剧，也学习了楚剧。原来我们湖北的楚剧这么有特色，它不仅仅是传统文化艺术，更是珍贵的文化遗产！

遇见诗歌

杨斯淇

今天下午两点钟，我们来到学术报告厅，参加“悦读经典　悦见童心”张执浩作品赏读会的活动。

张老师用一个简短的视频进行了开场白后，活动就开始了。在主持人小瑞和1506班的小轩同学默契的配合下，不一会儿就进入到了下一个环节：张老师对自己写作心得的总结。

老师的语言幽默诙谐，犹如行云流水般畅快，比如他说：“写诗呢，就是要有一双会发现的眼，观察身边以及大自然的变化，这样，万物皆有可能变成写作的素材。”再比如他说：“其实每个形容词都会‘找’到我们，我最想被你们所拥有的词‘天真’‘纯洁’找到，因为你们心中最美好的东西便是它们。我最不喜欢被‘死亡’找到。因为如果它找到了我，那我不就……哎，就算我不想被它找到，但终究会的，死亡一定会在将来的什么时候到来吧。”你看，是不是既浅显易懂，又十分幽默有趣呢？所以我们从一开始就喜欢上了这位慈祥的老师。

接下来的时间是提问环节。说到这里，我还有点遗憾——为什么不在前一天就准备好张老师的资料，围绕“诗歌”来提问呢？提问后还可以获得一本由张老师亲笔签名，2018 年荣获鲁迅文学奖的著作《高原上的野花》。唉，真是可惜了，这可是一大笔“精神食粮”啊！

第一位同学读了老师的小诗《糖纸》，问道：“为什么要写糖纸？是为了表达什么吗？”张老师想了一会儿，便胸有成竹地娓娓道来：“因为啊，在我们小时候，根本没有糖吃，所以，每当我们得到了一粒小糖果，便蛮兴奋，吃完了还把那层透明有各种花纹的糖纸洗干净，然后夹在课本里当书签用。嗯——想想那个时候也很幸福啊……”张老师仿佛还在回味他小时候的那种生活。

讲完这些，马上就跳转至“频道 1”，由湖北经典音乐广播的领导及工作人员朗读张执浩老师的作品——《高原上的野花》。每一位老师朗读完后，台下都响起了热烈的掌声，尤其是主持人小瑞和 1506 班小轩同学互相配合，朗诵完《糖纸》片段后，我们这些观众的巴掌拍得更起劲了。

接下来是我们最期待的节目，就是咱们班毕语函、苏欣悦、邵言和王老师的诗歌朗诵——《假如根茎能说话》。“假如根茎能说话，它会说，光

明比黑暗好。假如……”朗诵结束时，台下立刻响起了一阵阵久久不能平息的、雷鸣般的掌声。

最后一个节目是 1506 班全体同学表演的朱自清《匆匆》。他们的表演天衣无缝，过程连贯、整齐划一，那潮水般的掌声仿佛要把屋顶掀翻。

不知不觉，时间飞快流逝，一会儿的工夫，两个小时就过去了，我虽然没有得到精美的书籍，也没有跟张执浩老师合影留念，但老师讲解的那些写诗的道理，从 2018 年 12 月 26 日起，便会深深地镌刻在我的心底。

班主任有话说

遇见楚剧，遇见诗歌；传承文化，陶冶情操。校园里不仅有紧张的学习，还有丰富的活动。从两个小作者的字里行间可以看出她们全情投入地参与其中的喜悦与收获。

微　笑

毕语函

前几天，王老师交给我们一个任务，让我和欣悦、言和王老师一起在“悦读经典　悦见童心”的诗歌鉴赏会上同台朗诵《如果根茎能说话》。我不禁有些兴奋、紧张，这是我第一次参加朗诵活动，我还有些不熟悉朗读的技巧。

翌日上午，我们三个人被老师叫到了办公室。老师先给我们分配任务，一首短短的诗歌中，我的台词只有四句话。我想：这有什么难的呢？可是说起来容易做起来难。练习时，我虽然读得流畅，但每次仔细回想起来，总觉得还差些什么，不能完全让自己满意。王老师似乎看透了我的心思，走过来和蔼并面带微笑地对我说：“你虽然读得流畅，但还要带着感情去读，结合亲身体验去想象情境。比如这里，读‘黑暗’时声音要稍低沉一些；读‘光明’时，语调就要微微上扬，并且后鼻音要发准，明白了吗？”

我一边看着老师的微笑，一边点着头，有一种豁然开朗的感觉。我再一次拿起台词，反复默读了几遍，认真分析句子的意思，仔细体会文章的感情基调，反复推敲朗读时的“轻重缓急”。

今天，我们一进报告厅，就看见了大屏幕上写着八个大字“悦读经典　悦见童心”。报告厅里坐满了前来参加活动的领导和同学。我心里既激动，又有些紧张。

紧接着，一个又一个的精彩朗诵节目相继表演，只见电台主持人的发音是那么标准，感情是那么充沛，表情是那么自然，让我深深地沉浸在他们的朗诵之中。而使我印象最深刻的则是那始终荡漾在他们脸上的微笑，原来朗读还可以如此精彩，让人如此享受。嗯！待会儿我上台也要让观众享受文字和声音之美。到我们表演了，屏幕上立即切换页面，我们站成一字形，灯光立即照到我们的脸上。王老师读完第一句话后，我本应该向前走一步，再接着朗诵，但我太紧张了，没有走上前，但我努力让自己冷静下来，面不改色。在诗歌升华的部分，我前迈了一步，言和欣悦配合默契，也向前走了一步。演出结束了，我们向观众报以微笑。

当我如释重负地走下台时，我不好意思地笑着对老师说：“刚才还是不够完美呀！”王老师也对我报以微笑：“没关系，用心打动观众，用微笑感染观众的朗读就是最美的！”

一瞬间，我的紧张烟消云散了，我觉得老师的微笑那么温暖……

第一次上台演出，第一次朗诵展示，谁都会有些小紧张、小慌乱，没关系，老师的微笑会一直伴随你们，一直鼓励你们！

经典永流传

杨 超

每当坐在学校的饭桌上，耳边总能响起那熟悉又陌生的诗词与音律。此话怎讲？因为学校每天午饭之时都会放一首古诗词歌曲给我们听。

中华诗词博大精深，李白饮酒出《将进酒》，杜甫挥泪写《春望》，陆游临终写《示儿》，高适昂扬《别董大》……这些诗词，因精湛而流传，因独特而脱颖而出。在这茫茫诗海中，可吟唱的寥寥无几，在学校饭桌上我们听的诗词歌曲，都是精华，是古代文人的绝唱。

平凡的一天，我排着队，打完饭，坐在课桌上吃着学校鲜美的午餐。听！耳畔边，响起了那“绝唱”。“滚滚长江东逝水，浪花淘尽英雄……”我听到后猛地一惊，便情不自禁地跟着广播一起背了起来：“是非成败转头空，青山依旧在，几度夕阳红……”哎呀！对这首词很有感情。其词名为《临江仙》，乃明代词人杨慎著作，借用苏东坡名句“滚滚长江东逝水”。此诗为“四大名著”电视剧《三国演义》的主题曲，浑厚的男中音配上沉稳的乐章，使全曲慷慨悲壮，苍凉深邃，显现出深奥的人生哲理，与《三国演义》战火纷飞的不安乱世简直是绝配。

这一曲词，犹如石块在我心湖中激起浪花，那被尘封的记忆唤醒了。遥想当日盛景，我身着白汉服，高声朗诵：“滚滚长江东逝水，任凭江水淘尽世间事，历史总要不断地向前推进……”这是我读书节背的台词，所以我才对《临江仙》情有独钟。

下一次，饭桌上又会响起哪位名人的绝唱呢？我对此充满了憧憬和神往。

你听，那柔和细腻又略带尖音的《墨梅》响起了，“凤凰传奇”在合唱气势非凡的《将进酒》，《真英雄》完美诉说“闯王”李自成的一生，《定风波》唱出了苏轼“也无风雨也无晴”的豁达……我相信，歌声是最好的传承。

我在饭桌上倾听别人的传承，我是传承者，传承者就是我。经典永流传，经典咏流传。

“经典永流传，经典咏流传。”饭桌上听到的诗词就像是一种特别的“佐料”，它独特的香气那么悠远和绵长，浸润着我们的心灵。

诗词大会记事

杨斯淇

今天，我们在报告厅参加了“恰同学少年，梦耀诗河”的校园诗词大会。因为全校只有两个班级可以观摩，而我们班入选了，所以我们班同学都很激动。我们按捺住心中的兴奋，安静地坐在位置上，等待大会开始。

报告厅里摆着青翠欲滴的竹子，在柔和的灯光照耀下，特别好看。参赛用的椅子、桌子都非常古典优雅，连“百人团”的座位也古香古色。屏幕上“恰同学少年，梦耀诗河”的几个大字苍劲有力。特别是墙壁上由同学们精心绘制的水墨画，栩栩如生，让整个现场都有浓浓的古风古韵。

大会终于开始了！参赛选手穿着华丽的唐装，感觉就像穿越了时空，回到了古代。等领导嘉宾和选手就位后，主持人王念老师就开始宣布挑战规则：“本场分为‘个人追逐赛’与‘冠军争霸赛’，‘个人追逐赛’由六位选手依次答题，最多可答七题，由得分最高的选手与‘百人团’最优秀的选手进行‘冠军争霸赛’，赢者成为擂主。”

第一位选手上场了，她用一段诗词进行了开场白，接着开始答题。不过她在第二题错失良机，虽然有一次自救的机会，但在第三题上失误，遗憾退场。第二位选手也因为紧张而答题不慎退下了舞台。第三位选手名叫杨舒琇，我十分看好她，因为她是我们学校派出去的种子选手。果然不出我所料，她答题十分顺利，如行云流水。但在最后一题时，踌躇了一下，那是唐代罗隐的《蜂》，题目是“________，为谁辛苦为谁甜。”我在默默地为她叫屈，这题我都会，她怎么可能出错呢？可转念一想，一定是她太紧张，才会出错的。不过她总分还是很高的，132 分。我暗暗高兴，心想，我们学校的同学擂主当定了！但五号选手郑依洋打破了我的想法。她答对了所有题目，得到了 169 分。当然，冠军就是郑依洋了，我不禁有些遗憾。

接下来是更精彩的“冠军争霸赛”。当“百人团”排名出来时，我不禁惊了一下。第一名居然是我们学校的郑筱老师。嘿嘿，这下有好戏看咯！同学与老师之间的对决，我们还是第一次见呢。很多人认为老师肯定会赢，既然是老师，当然要略胜一筹嘛，但有些人也认为“青出于蓝而胜于蓝”，学生不一定会输。我们带着两种截然不同的猜测，将目光投向了主持人。

这局采用“飞花令”的形式，一人说一联关于指定词语的诗句，谁说得多谁就是本场擂主。“停！”屏幕上一个苍劲有力的大字呈现在大家眼前——山。跟“山”字有关的诗句好像不多呀，这场比拼更有意思了！我在心里喃喃自语道。

老师起头，郑依洋不甘落后，“日照香炉生紫烟，遥看瀑布挂前川”。郑老师紧接着跟上“窗含西岭千秋雪，门泊东吴万里船”。她嘴角上扬，一副志在必得的模样。我们以为郑依洋会再接再厉，不料她只是嘴角动了几下，没有说话，很快，20 秒倒计时已经到了，郑依洋只能遗憾退场。本场诗词大会以老师获胜圆满地落下了帷幕。

这次诗词大会让我领略到了中国古诗词的博大精深，感受到了中国文化的魅力——从最开始的造纸写字，到现代文化的源远流长，历久弥新。

“恰同学少年，梦耀诗河”活动落下帷幕，好希望下一次我也能站在这个舞台上，在诗歌里徜徉！

台上选手从容不迫地答题，台下的我们也在摩拳擦掌、踊跃“抢答”。传统文学的学习对我们人格的塑造、情操的陶冶都有不可替代的作用。愿我们都成为优秀的传承者！

成功的秘密

甘明轩

这学期我们五年级有一个迎接军运会的比赛，名叫“队列比赛”。评委会根据每一个班级的队列是否整齐、行进是否有整体美感而评分，只要有一点没有做好，评分就会从满分变成 8 分，甚至更低，总之一句话，就是考验每个班级的风貌。

刚开始“队列比赛”训练那会儿，那真叫一个“惨”，有的同学踏步时手脚没有抬高，有的同学往前走的时候和其他同学不在同一条线上，甚至还有的人同手同脚走路。而我则是一个“手残党”，本应该老师喊“一”的

时候我左脚和右手先起，老师喊“二”的时候右脚和左手再起，然后再重复做这些动作，而我作为一个“手残党”，正好与这些动作相反了。所以每一次训练的时候，老师都会一直点我的名字，让我羞愧不已。唉！我什么时候能成功呢？我们班能成功获胜吗？

然而经过了几十次刻苦训练，我最终还是把“手残党”的外号给消灭了，我终于把我的手和脚给正过来了。当然，我在训练的时候，同学们也在训练，所以现在已经很少有人出现过手脚没有抬高，走路时与别人不在同一条线上的情况，也更没有了同手同脚走路的人了。看来经过努力训练，我们获得队列比赛胜利的可能性，也不是没有的。

又过了一个多星期，“队列比赛”终于来临了。这时，王老师训话了。

王老师严肃地说：“我们班篮球篮球比不过别的班，跳跳球跳跳球也比不过别的班，如果队列比赛再比不过别班，我就要罚你们跑操场啊！”虽然我们知道老师是在吓唬我们，但大家都还是提心吊胆的。大家鼓起勇气准备在操场上展示出最完美的我们。

队列比赛开始了。老师一声口令：“向左转！”我赶快集中注意力与全班其他同学一起向左转。脚落地时，全班一起落地，这干脆的声音、整齐划一的动作，让一旁的评委都不住地点头。老师又一声口令：“立正！”我放开嗓门喊，全班其他同学也以洪亮的声音大喊“一、二！”这时低年级小观众也都为我们的气势鼓起了掌，我们更有信心了！老师接着喊口令：“起步走，一二一，一二一……”我们一起向前，左脚、右手，右脚、左手……干脆的脚步声“咚咚咚”响彻操场！

最后，我们以平均分 9.1 分的优秀成绩，赢得了全年级第一名。

所以只要你敢努力，敢拼搏，就一定会成功的！

虽然我们篮球打不赢别的班，虽然在跳跳球比赛中我们也跳不赢别的班，但我们有强大的班级凝聚力，该努力时则努力，不放弃每一次挑战的机会！

走进消防大队

彭紫妍

又是一个阳光明媚的周一，与以往相比，校园照样有孩童们的欢笑声与琅琅的读书声。但对于我来说，这是一个不平凡的周一，因为我将要去消防队了解军运消防知识。

来到消防队，就看到一个个庞然大物——消防车。它们有着鲜红的外表，如同熊熊烈火。消防队的墙壁上挂着消防英雄在火灾中解救人民的大事件介绍。去演习的路上，能看到消防员的衣着与工具一应俱全，这个地方是威严而又神秘的。接下来，消防警官提出一个问题：“假设我们在教室里，突然着火了，该怎么办呢？”我心想：到底怎么办呀？先躲进角落还是先捂好口鼻？要是走不到出口，可以跳楼吗？要躲过火灾的话，要躲在哪里？我真后悔没有多了解一点消防知识。这时，我看到四（2）班的王同学皱皱眉，一手抵着脑袋思考着。四（4）班的刘同学等不及了，把小手举得高高的，嘴里小声说道：“老师，老师！”警官点了刘同学，她十分自信地说：“在遇到火灾时，我们首先要找到湿毛巾、衣服捂住口鼻，要不能逃离，就躲在角落、卫生间等潮湿的地方，千万不要坐电梯！”她的发言获得了同学们的掌声，她的脸上洋溢出藏不住的高兴。这时，王同学举手了，补充道：“楼层超过三楼就不要跳楼，会有生命危险。火灾中最致命的不是火，是烟！所以一定保证弯腰捂鼻走楼梯！”警官十分满意，打趣地说道：

“我没什么说的了，都被同学们说完了！”同学们一个个相视一笑——消防知识要记牢。

接下来就是消防火灾演习拍摄。同学们准备好纸巾，将其打湿，放在手上，捂住口鼻，老师和同学们十分配合这次消防演习，我的心里也很紧张。“嘀——”火灾警报器响了，“各位师生赶快撤离！”老师与同学们都弯着腰，一手捂住口鼻，一手摸着墙，快速前进。来到操场时，同学们都已经大汗淋漓。要真正地在大火中逃脱真不是件容易事，在我们演习的过程中，一个老师在头，一个老师在尾，前面的老师负责帮同学们一个个快速逃离火灾现场，最后的老师负责看火有没有蔓延。

在消防队，我们了解了消防知识，参加了消防演习。后来，我们还去汉南看了飞机，为军运会写了小诗。军运会的脚步一步步在走近，“一年、8个月、5个月、4个月……”接下来，军运会进入了倒计时。作为东道主的我们，怀着兴奋与激动的心情期待着军运会拉开序幕。

走出校园课堂，走进军运课堂。在消防队里参观、演习，一定有特别的感受吧！武汉军运会，我们时刻准备着！

悦读空间

翟宸君

我们学校阅览室典雅大气，有着浓浓的文艺气息，它由三个美妙的区间组成——宽敞的休闲区、静怡的悦读区、清新的动植物区。精致的小台灯、古典的大桌椅……都令我们流连忘返，它有一个别具一格的美名——悦读空间。

——我特别喜欢我们学校的阅览室。

有一天，我看到一本书，上面画着许多幅世界名画。不一会儿，画中走出一位叫蒙娜丽莎的外国阿姨，她身着黑丝绒的连衣裙，长长的卷发散发着清香，那迷人的微笑使她显得更加神秘而美丽。我赶紧把书翻下去，这下我看见了好多梦幻般的风景图画：那荷兰的《森林深处》，那扑朔迷离的《仰望星空》，那

淳朴的《乡村小镇》，那不断变化的《星月夜》都一一呈现在我眼前。我赶紧把书翻下去，看见达·芬奇捋着胡子，梵·高戴着草帽叼着烟斗，毕加索画着油画。

我好像看见蒙娜丽莎坐在碧绿的草地上一边晒太阳，一边听三位大师讲述油画的厚重、水彩画的艳丽、素描的立体……

——我真的特别喜欢我们学校的阅览室，它是美丽的艺术殿堂。

有一天，我看到一本书，它给我讲冰心奶奶的故事，书里有她的照片和她写的《繁星》《春水》……

我好像听到飞机的起飞声，这时，我看见冰心阿姨坐在靠近窗户的座位上，她穿着素雅的旗袍，从美国的威尔斯起程了。现在是一九三八年，她要随丈夫前往日本教书吗？她要到神国吗？只见她脸上带着微笑，是因为寄小读者的信写好了吗？是因为《小橘灯》《我们把春天吵醒了》发表了吗？还是因为《空巢》的结尾已经想好了？冰心阿姨望着窗外的蓝天，看着喷薄而出的朝阳，微笑着，微笑着……

——我真的特别特别喜欢我们学校的阅览室，它是深邃的文学海洋。

有一天，我看到一本书，它给我讲述了中华的上下五千年：盘古开天辟地的壮举，女娲用五彩石补天、用泥造人，神农勇尝百草的传奇，黄帝大战蚩尤的战绩，尧舜让贤的美德……

我仿佛听到天地间传来一声响，那是盘古在咆哮，他撕开了天幕，顶天立地越长越高。我仿佛看见女娲飞向天空，五彩石发出夺目的光彩，黄帝威风凛凛地操练着军队，战旗飘飘令人振奋，大禹三过家门而不入，治水十三载……

——我真的真的特别喜欢我们学校的阅览室，它是广阔的历史天空。

有一天，我学着梵·高拿起了画笔，给大自然做起了笔记；有一天，我学着冰心把自己写的小诗寄给了报社；有一天，我追寻着大禹来到了黄河的壶口瀑布……悦读空间——悦读空间，谢谢你，让我心悦成长……

美雅志愿者

石沛玉

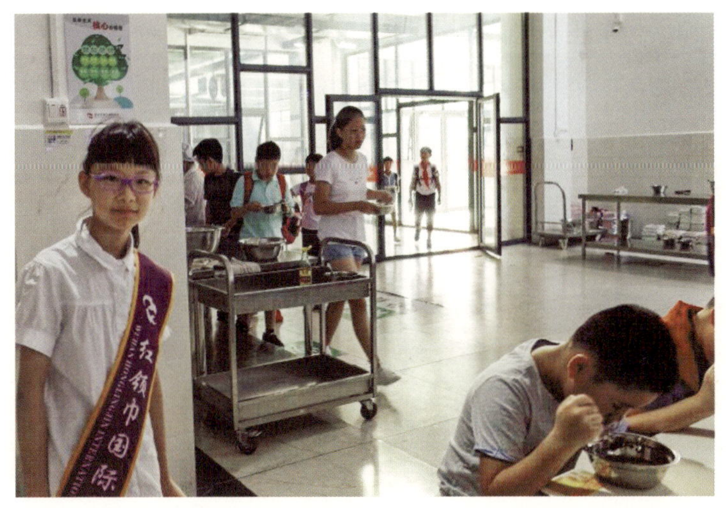

九月，是秋高气爽的时节。学校新来了一批校园值勤的学生，那就是我们班——1401 班的同学。能够成为美雅志愿者，想想还是挺光荣的。

老师在分配岗位任务时，我因为放学时间不能延迟的原因，被分到了早上食堂值勤的任务，需要早上 7 点 40 就到达值勤的岗位。我想不就半个小时的值勤吗？有什么困难的？

可是值勤并没有我想象的那么轻松。早上，7 点钟起床，7 点 10 分就必须出门上学，因为走到学校需要 10 几分钟，到了学校食堂，已经 7 点半了，食堂刚刚开放，10 分钟后就要值勤了。我很不适应这紧张的节奏，但是必须要坚持一个月啊！那以后我的幸福晨光就要结束了，想想还真是有些“悲惨”。

没想到更“悲惨”的事情还在后面。我在食堂值勤的任务是保持桌面的整洁，不让同学们疯跑，听起来很简单，但是做起来还真不容易。刚来食堂吃饭的 2015 级同学还不太清楚食堂的规矩，总是把装着剩菜的碗直接往桌子、椅子等顺手的地方放，并且总是做“好事”不留名。这是我们食堂值日生最烦恼的一件事情，每次遇到这样的情况，我们只能很无奈地打扫卫生，收拾桌椅，放回碗筷，时间一长，我也习惯了。

值勤时，我也想到了自己以前的不文明行为，感到很惭愧。记得有一回我吃完早餐放碗筷时把碗直接扔出去了，碗“飞”进桶的声音很响，几乎整个食堂都听见了，班长也看见了。后来我们班长组织同学就此事在班上讨论了一番，批评了我这种不文明的行为。自那以后我就特别注意自己的言行。现在我成了美雅志愿者，就更不能这样做了，不然就是给 2015 级的小同学们树立了一个坏“榜样”。

值勤需要起得很早，需要管理纪律，收拾餐具，只有短短的半个小时，但是让我感觉很累很累。可一想到能让食堂阿姨轻松点，能让所有的人有个干净的环境，我就很开心。

“志愿者”不仅要奉献自己的时间，还要奉献自己的精力。不仅要管好自己，还要管好同学。以身作则，奉献自我的你们是校园最美丽的风景。

大手牵小手

喻 玺

马上要开学啦！又有一批可爱的弟弟妹妹来到了我们学校，成为一年级的新同学，作为大哥哥大姐姐的我们一定要热烈地欢迎他们啊！

一大早，我们全体同学都穿上了干净整洁的夏季校服，统一穿着深色的鞋子，并佩戴上了颜色十分鲜艳的红领巾，也佩戴上了一条印有黄色“红领巾国际学校”大字的紫色绶带。艺术老师们还帮女生们梳起了高高的马尾辫，喷上了发胶，只等老师来分配任务了。孙老师带着我们来到方厅，在一排整齐的班牌前说：“玺儿、亦妍还有超儿、诣博，你们站在方厅门口，如果有家长进来，就对他们礼貌地说‘家长请留步哦！’”我不禁有些紧张。随后，我们一直都保持着立正的姿势等待着新生的到来。剩下的同学被分

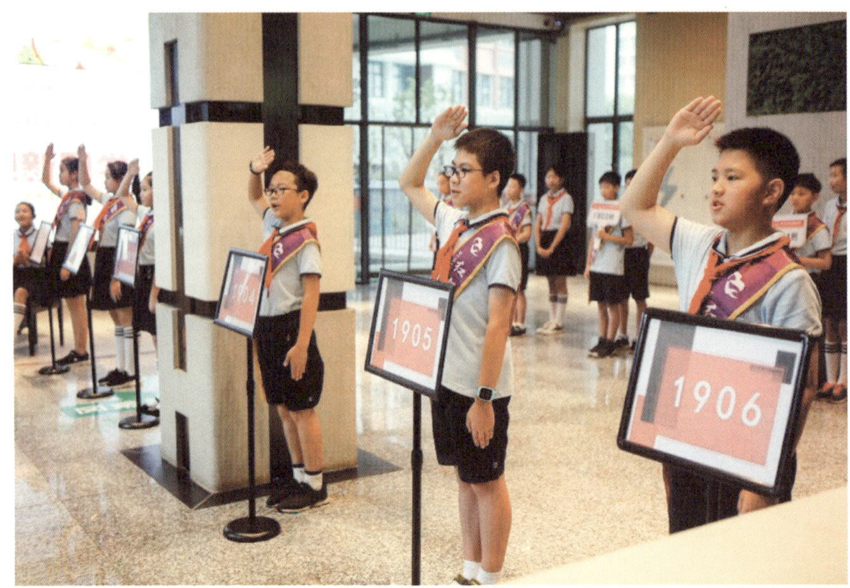
1904
1905
1906

WUHAN
HONGLINGJIN
INTERNATIONAL
SCHOOL
武汉红领巾国际学校

成几列纵队，举着班牌，站得笔直，等待迎接新同学，脸上都露出灿烂的笑容。

不知什么时候，关闭的校门外早已是人的“海洋”。校门一开，家长带着孩子一个劲往里冲，这时我们四个值守大门的志愿者大声地喊着：“家长请留步！”家长们十分配合地停下了脚步，但关切的目光一直目送孩子们远去。而我们身旁的老师则面带微笑，弯下腰对新同学们温柔地问道：“你是一年级几班的啊？告诉我你的班级，我带你去！”此时的方厅早已是热热闹闹……

此时，一位被爷爷奶奶送来的小弟弟被李老师带到了我们面前，孙老师让我带着这位新同学去他的班级。我牵起这位小弟弟的手，发现他的手好小一只，心里想着：“我一年级的时候也是这么小的手吗？”当我们爬楼梯时，由于下雨有积水，小弟弟差点摔倒。这时我把他的小手牵得更紧了，不断地安慰他：“不着急，我们慢慢走。”小弟弟对我会心地一笑：“谢谢姐姐！”上了楼梯后，小弟弟拿着他的姓名牌拍了拍我的手说：“姐姐，请问1904班在哪里呀？”“你先去找到1904班的班牌，然后问问班牌前的那位大哥哥，他会告诉你接下去该干吗的。”我耐心地告诉他，生怕漏掉了什么。

又有两位弟弟妹妹来了，亦妍看到后立刻用她的大手拉着那位走得“飞快”的小男孩，一边走还一边贴心地帮他扶了扶书包，仿佛是那位小朋友的亲姐姐，一直护送他到方厅门口。这时又来了一位乖巧的小女孩，只见诣博微笑着有些害羞地向她走去，拉起她的手带着她走向对应的班牌。而高高大大的超儿则像个温柔的守护神一样，牵着一位拿着姓名牌的小男孩，不时提醒他上楼梯注意安全，安全地将他带到方厅前。就连一贯腼腆的晋熙都大方地带着小朋友们到方厅去报到。我们都很喜欢这群小孩子，看着他们，当年我们入学时的情景历历在目。

看着他们渐渐远去的身影，看着他们跳跃的背影，想着他们将要在这个美好的校园和我们一样度过六个丰富多彩的春秋，我不禁为他们感到欣慰。

"想着他们将要在这个美好的校园和我们一样度过六个丰富多彩的春秋，我不禁为他们感到欣慰。"大手牵起小手，那份自豪那份友爱那份真情，温暖了学弟学妹，也温暖了老师，我也为你们的优秀表现感到欣慰！

发现新世界

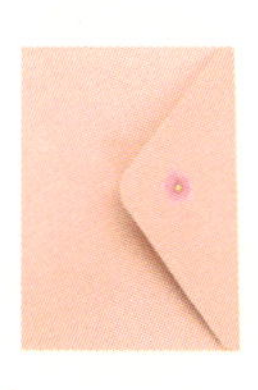

在自然里“旅行”

套被大战

张北辰

又到一年一度的研学活动了，同学们叽叽喳喳说个不停。“说是有两天时间呢！”“活动还很多呢！”“晚上还有篝火晚会哩！”我们既兴奋又激动。

我们来到奇布营地开始研学之旅。一到营房，木质的高低床摆放得整整齐齐的，已经弄好的被子、床单、枕头都雪白雪白的，干净清爽，整整齐齐，一目了然。我们欢喜得不得了。正当我们欣赏这整洁的“展品”并准备躺着时，爱观察的杨超大声说：“别上当了，里面的枕头、枕套，被子、被套都是分开的，大家要自己动手套床上用品。”话音刚落，有一部分同学大喊抗议，而我和另一部分同学则一脸蒙圈地说：“What？”

于是，我们开始铺床了。我把行李扔到上铺，把“半成品”床上用品搬下来。我一只手拎着枕套抖一抖，另一只手拿上枕头，使劲往里塞，好不容易塞进去了，但鼓鼓囊囊的，被我搞成了一个“四不像”。要扯平，我把手伸进枕头里，用手来回地拉，枕头一高一低移动，终于成功套好了枕头。

这时，王老师走了进来，问道：“有谁不会套被子？”结果很多人都害羞地举起手来。王老师一看大吃一惊，无奈地看着我们这群无知的孩子说：“这么多人都不会？大家学我怎么做吧。”只见王老师让子樊两手拎着被套的角，王老师拿着被子向里放，慢慢地，被子被一点点地塞进去了。王老师又让子樊把被子再抖抖，这样被子就完全进去了。王老师火眼金睛，发现不平整的地方，立刻把不平整的被子捋了一捋，洁白的被子就平平整整。王老师说：“成功！轮到你们了。”

我和智耀合作铺被子。但我们干起活来，才突然明白：看起来容易，做起来难。智耀不情愿地把被套两端拎起，我学着王老师的样子把被子慢慢放进去，差不多快放到一半时，急不可耐的智耀使出吃奶的力气帮我塞，把拎被套的事忘得一干二净。被套轻轻地落下，我想及时把它救起，可是晚了，被子和被套又一分为二了。“白忙了，真是烦！”我嚷着。“哎呀，重新来吧。”智耀叹着气说。这回，我们吸取了上一次的教训，接下来十分顺利。我还是放被子，智耀继续拎被套，这回我少了点抱怨，智耀少了点鲁莽，我们耐心地合作弄好被子。我们正准备击掌庆贺时，观察细致的我发现有几个地方散着白色细绳，原来被子没封口。我们又系了几个蝴蝶结来固定被子，终于完工了！之后我们又配合搞好了另一床被子，又各自整理床单、叠好被子。

忙忙碌碌半天，我们大家终于交出了满意的答卷，每个人心里特别高兴，心想：晚上一定能睡个好觉，做个好梦了。

木偶诞生记

彭紫妍

研学倡导在“学中玩，玩中学”，是很受我们学生欢迎的一项活动。一般学校组织的研学时间较短，但这次研学可不一样，两天一晚，得在营地住一天。第一次住进 8 人、16 人的房间，第一次与同学们睡高低床，第一次走进营地，举办有趣的活动……许多的第一次，令同学们感到新奇、有趣。

第一次听关于如何用木头做手工的讲座——用木头做小木人。老师在 PPT 中，为我们展示了用木头做成的小支架，上面可以放手机，很高级，还有用木头制作成的笔筒、钥匙扣等等。PPT 最后放的是怎么做小木人。做个小木人，我不以为然。做小人需要木头、铁丝、冰棒棍，还需钻洞、粘贴、打磨、锯块，好吧，看来是我小瞧了这个小木人，高估了我自己。做这个小木人，还真有点难度，我顿时失去了刚才的自信。这可是我第一次做小木人，看来不能“开门红”，得“开门败”了，这可怎么办呀？老师还在讲课中提醒同学们，做小木人一定要耐心、细心、用心，做出自己的特色。话不多说，“开做吧”！

第一次接触工具——发工具了：锯子、磨砂纸、木头、铁丝……木头，长约15厘米，我摸了摸，感觉有点粗糙，怎样才能变成老师PPT上显现的那样光滑呢？那还得靠磨砂纸。磨砂纸表面颜色深紫色，摸上去很粗糙，感觉很有颗粒感，能把木头打磨得光滑、透亮。锯子的锯条非常锋利。老师为了让我们能把木头锯直，专门准备了一台机器，只要把木头放上去，手动来回挪动，就能锯出直直的木头。摸一摸这锯刀器，刀尖好似鲨鱼的牙齿，锋利无比，看到这，我又担心起来，锯到手怎么办？我以前见都没见过这东西，这可让我怎么用？

第一次动手制作小木人——首先，要将粗糙不平的木头打磨光滑。这可真难，这也正是考验耐心的时候，你要是不细心没耐心，那可就难办了。总而言之，一定要耐心、细心、用心。然后，要把角用磨砂纸打磨圆，接着要锯6—10厘米长的木块做小木人的身体。在锯的过程中，我一不小心把木头锯斜了，这可怎么办？我急了。这时，传来老师的声音：“没事，不急，慢慢来！”老师手把手地教我。我终于锯好了直直的长块。之后，我把剩下的木头再锯成四个长1厘米的正方块做木头人的手和脚，送到老师那儿去打洞。洞打好了，我拿出铁丝，放入洞中，粘贴好。紧接着我在小正方块上打洞，安上铁丝，粘贴好，把冰棒棍拿出，剪成长3厘米的鼻子，贴在小木人身上。最后，我在小木人上画上眼睛、鼻子，进行点缀。小木人成功了，我心里美滋滋的。

阳光下，一群孩子手中都拿着小木人，一个老师拿着相机“咔嚓”一下记录了这个美丽的时刻。

挑战定向徒步

胡彦熙

期待已久的徒步课程终于来了，我选择了搭档子奥，他有用不完的体力，而且聪明得很；我的短跑能力强，可以快去快回，而且以前也会认指南针，估计与指北针差不多。我俩之前都是搭档，默契度百分百，所以我们在一起百分之二百会成功。我们拿到图纸和指北针后直接盲目地向前冲，结果出师不利，没搞清楚一号点在反方向，只好又往回跑。跟着地图跑，摸不着头脑，但幸运的是，我成功地找到了田径队队友海行，跟他走“有肉”吃，果然不出我所料，我和他刚相聚不到半分钟，就在一座“河景房”侧面，找到了一号点标并打卡成功。子奥兴奋大笑，海行一脸严肃：“别松懈，还有 12 个呢！”时间一分一秒流失，找到的点标也一个一个地增加，可是十号，它在哪儿？地图指向不是很明确，要按顺序打卡，我们陷入了沉思……

我仔细盯着地图，回想着各个点标的位置，一号在房外，二、三号在屋里，四、五在栏杆上……渐渐地，我茅塞顿开：“每一个点标的后面是位置方向提示，有的点标在房子里，有的点标在屋子外，而十号点标，应该挂在树上，而且是与我们身高差不多的树上。”说罢，大家立即散开，开始地毯式搜索。“啊！”“怎么了，彦熙？”子奥扯着嗓子问。“这里有点标，我打卡了！”我也扯着嗓子回答：“马上来。”海行也在加速。哈哈！我很得意：十号点标也逃不出我的“钛合金八倍镜片”，最终被我找到了。

打卡十号点标后，前面出现了一个上坡，他们跑在最前面，我虽然体力充沛，但火辣辣的阳光晒得我头晕，脚步也越来越沉重。我依靠着直觉前进，一步、两步、三步……我们终于找到了十一号点标。糟糕的是海行与我们走散了，过了几分钟海行见到我们，兴奋地催促道：“快！十二号在那棵树下，我去打十三号点标了。”“哦，祝你好运！”我带着子奥，跑到树底下，打了卡，就立刻飞奔至十三号点标。最终所有点标被我们收入囊中。我们拿着成绩卡，兑换成成绩单，那感觉就像赢得了大力神杯一样（世界杯冠军）。

徒步，靠的是体力和耐力，靠的是信心与细心，靠的是勇气和智慧。真期待参与下次的定向徒步运动——世界第一的“极限运动”。

热烈的篝火晚会

喻　玺

完成了制作木头小人和定向徒步后，辅导员给我们安排了一个既放松又热闹的篝火晚会。

一位辅导员举着大大的火把，绕着满场跑，最后将火把放进了圆坛中，火苗一下子就升了起来，像一个野孩子一样，蹿得老高。一位名叫“金刚”的主持人走上台，和大家玩起了“金刚说”的游戏。这个游戏的玩法就是按照指示来做动作，“金刚”老师很厉害，指示语都很隐蔽，结果很多同学都被套路了。

我们四个班都很想上去表演自己的节目，第一轮的竞争就很激烈。第一个节目是 1402 班演唱的《沙漠骆驼》，一开场就燃爆全场，没错，这是正流行的热歌！我们 1401 班男生唱的是薛之谦的《演员》，班长睿喆唱歌十分好听，而凌野的主唱让人非常意外，他们还学着明星开演唱会的方式，挥着手与同学们互动。1403 班合唱的是《最美的期待》，唱出了自己的那一份期待，每个人的声音特点也不同。1404 班有一位女同学用《天空之城》这首音乐跳了一段拉丁舞蹈，动作十分优美，舞步十分轻快，仿佛一只蝴蝶精灵，在舞台上翩翩起舞。

第一轮表演结束后，主持人“金刚”又回到了舞台上，播放了一首现在非常火热的歌——火箭少女 101 的《卡路里》，“每天起床第一句，先给自己打个气，每次多吃一粒米，都要说声对不起……”全年级都开始沸腾起来了，而在一旁的子航却一脸茫然地看着大家，问王老师：“这是什么歌啊，为什么大家都会？”王老师只是笑着揉揉他的胖脸，说道：“我也不太清楚哦……”篝火越烧越旺，火光映红了大家的脸，像涂了胭脂一样，好看极了。

紧接着，第二轮表演马上就要开始了，我们班的同学都想让我们女生上去表演，因为我们女生为了这次表演早就开始抓紧时间排练了，每天都抽出课余时间反复在家听歌练习，将歌词记得滚瓜烂熟，而且专门进行了彩排。我们班的每一位同学都用最大声音喊着“一班，一班，一班”，果真，真的轮到我们上场了。不知怎么回事，我的腿变软了，心跳也加速了，似乎比考试还紧张。站在舞台正中间，台下的观众看得一清二楚，终于体会到“会当凌绝顶，一览众山小”的意思了。这个节目由我给大家报幕：接下来我们演唱的歌曲是偶像练习生的主题曲《EiEi》。听着熟悉的旋律，唱着熟悉的歌词：“Hey 下一秒，向你靠近，梦已准备就绪……”唱到一半时，

台下竟有同学开始随着音乐舞动起来了！带着一颗兴奋的心去唱绝不会唱错，没错，直到结尾都没唱错一个字。表演结束后，大家热烈地鼓掌，我们看到节目深受老师和同学们喜爱，高兴坏了！

接下来是1402班的98k，1403、1404班合演的小品，节目都十分精彩。

伴随着五颜六色的烟花，篝火晚会慢慢落下了帷幕，大家都依依不舍地回到了宿舍，念念不忘地议论着今天的演出。同时，也期待着明天的观鸟课程，会有什么神奇的事情发生。我们好期待啊！

午夜 party

李昊洋

这次研学玩了新奇的套被子，有趣但危险的小木人，让人热汗直流的定向徒步，还有热闹的篝火晚会，真是有趣啊！同学们都已“筋疲力尽”。不过你以为这样就结束了吗？不！有趣的午夜 party 才拉开序幕……

我疲惫不堪，慢慢地爬上床，睡在自己套的被子里有种莫名的困意。宇明却不知道怎么了，精力特别充沛，一下子爬上来“玩空中飞人”，一下子爬下去烦一下彦熙，还时不时对我说：“昊洋，别睡了，来玩玩！”我最后终于忍不住了，大叫一声：“跟着我一起 happy！”博铭也喊起：“要！要！切克闹，煎饼馃子来一套！”……辅导员老师闻声赶来，一脸严肃地说：“哎！你们给我安静啊！对面已经抓出几个了，我看你们想不想喝罚酒。”说罢便关上门。但是你以为这就完了，那你可是太天真了！

说唱不成，那我们就玩“飞狗传奇”！我爬到书包旁，拉开拉链，掏出我的布偶二哈！一旁的晋熙见我拿出二哈，大声说：“昊洋！你竟然把二哈带来了！”子奥他们轰地站起来了，大声叫：“李兄，求飞这边！”“嘘！小声点，这可是我偷偷带过来的，王老师还不知道呢！”我小声地对他们说。“好，好！”晋熙和子奥放低了声音异口同声地说道。但没过多久宿舍里又传来了“昊洋这儿！”“昊洋，给我！”“昊洋求你了”之类的话，辅导员老师又进来批评了我们一顿，还把灯关了！唉！“飞狗传奇”不能玩了，不过我和胡子奥可是有备而来。

切！“飞狗传奇”不能玩，那就玩手影舞。我和胡子奥拿出自带的手电筒玩起手影来，我做了一个“二”，胡子奥做了一个“五”，我与胡子奥仿佛心有灵犀。他念：“我！”我念道：“二。”合起来念：“我二！”哈哈哈！宿舍里充满笑声，博铭还借着手电筒的光脱衣跳舞，明轩也不甘示弱，抓着杆子把自己抬起来！但乐极生悲，辅导员老师第三次走进来了，说：“我看到你们宿舍里有光，谁在玩手电筒？”同学们齐刷刷地指我。老师向我走来，我不情愿地交出手电筒，但老师却退还了我，说：“只是想提醒一下你，不要再玩了！”“好！”呼！我心中的巨石又放了下来。

不过，海洋与宇明眼神一对，又说起来了：“在一个恐怖的夜晚……”话还没说完，学霸宸君看不下去了，说：“别人老师都进来好多次了，你们还这样吵，别人对 1401 班怎么看？别人肯定只看集体，不看个人呀！所以安静点，也是对集体的一个考验！”“宸君说的话是对的！我们为了集体，应该安静点儿！”彦熙也说道。一时半会儿大家都没发声，但诣博好似发疯一般哈哈大笑起来。宁静像被一把小刀划破了。“你发什么神经啊！”我边说边打开手电筒。子奥也说：“就是。好不容易安排好了，非要笑一下！”此时，老师刚好查到我们这房，一打门就说：“吵什么吵！”说完便收走了我与子奥的手电筒。子奥哭了。我死命按住太阳穴，紧闭着眼睛努力让自己不流泪，我真有把诣博打一拳的冲动，宸君与子航还在不停地安慰子奥。哎！真是乐极生悲啊！就这样我们昏昏入睡……第二天，辅导员老师还给了我们手电筒，一切都好似没有发生一般。

这真是喜怒哀乐“共存”的午夜 party 啊！

鸟类知识知多少

武欣莹

今天是研学活动的第二天，早上吃完香喷喷的早餐，老师说：“待会儿我们去讲一节关于观鸟的课。”

我想：观鸟？为什么观鸟还要去讲课？那又要讲些什么呢？我带着这样一连串的问题走进课堂。

老师长着一头乌黑的头发，一双和蔼的眼睛很有神，看上去很温和。老师开始为我们讲什么叫双筒望远镜，应该怎样去用它，有哪些是需要我们注意的。接着老师开始讲关于湿地与鸟类的知识了。

首先，老师讲湿地。老师说："湖北省有着千湖之省的美称，这个千湖之省并没有采用夸张的手法，湖北是真的有一千多个湖。"

听到这儿，我真为我们的湖北省感到骄傲与自豪。可是，那么多湖我只去过几个呀！那么多湖中又有几个著名的呢？到时候再去看看呗！

老师好像看穿了我的心思，说："湖北省著名的湖有很多，比如洪湖、龙感湖、黄感湖、斧头湖、大九湖、网湖、沉湖、后官湖、东湖、严西湖、涨渡湖等，它们大部分都分布在武汉，所以，武汉被称为百湖之市也是当之无愧的了。"

老师停顿了一下问："武汉有多少个湖？"

又给了我们几个选项，A. 88 个，B. 106 个，C. 115 个，D. 166 个。

我想：A 肯定被排除了，因为武汉是百湖之市，怎么可能只有 88 个湖，B 和 C 很相近，但是武汉不止这些吧！应该是 D，我连蒙带猜地回答了是 D。答案果然是 D，我开心极了。

然后，老师讲鸟类，鸟类主要分为夏候鸟、冬候鸟和留鸟。夏候鸟就是夏天飞到别处去过夏，冬候鸟就是冬天去别的地方过冬，留鸟就是一年四季春夏秋冬都在一个地方住，从不去别的地方。老师说："目前，府河的鸟最多，大约两万多只候鸟在府河生活，其中豆雁、凤头、小天鹅、黑鹳是国家二级保护动物。"

突然，老师问："什么是鸟类独有的？"

A. 飞行，B. 卵生，C. 羽毛，D. 恒温。

我想：飞行，很多动物也可以飞行，比如，蝙蝠。A 不可能。B 也不可能。卵生的动物也有很多，蟾蜍、鱼、青蛙……C 羽毛，有很多动物也有羽毛。我不知道别的动物有恒温的功能，所以我选了 D。果然我又答对了。

最后，老师讲了人类对湿地的破坏和威胁。

老师说："虽然湿地只占地球的6%，但是养育了20%的生物，那么，请问：对湿地威胁最大的是？ A. 栖息地丧失，B. 排污，C. 猎捕，D. 气候变暖。"

我想：BCD 都不会有太大的影响，但 A 有很大影响，这样等于把鸟类的生活习惯改变了，所以大量鸟类会死亡，甚至灭绝。果然我想对了，A 是有很大影响，所以我们不能破坏湿地。

在教室里上完课，我们就拿起望远镜去湖边看这些鸟……

鲁湖湿地观鸟

翟宸君

“武汉有 357 种林鸟和水鸟，其中列入国家一级、二级保护的鸟就有 38 种，如东方白鹳、中华秋沙鸭、白琵鹭、小天鹅……”研学临行一课，老师绘声绘色的介绍让我对此行的“观鸟活动”充满了期待——在这灿烂的秋天里能看到哪些鸟呢？我们能和它们亲密接触吗……带着好奇与庆幸，我们走进了奇布自然营地的鲁湖湿地……

今天上午,老师刚教会了我们如何使用双筒望远镜,同学们就迫不及待地来到了鲁湖湿地旁观鸟。黑色的樟树果子掉落下来,红色的枫叶缓缓飘落,褐绿色的水杉落叶给大地铺上了一层华丽的地毯,这些构成了一道绚丽的风景线。淡淡的花香为鲁湖增添了别样的气息,我和同伴一边走,一边看,等待着鸟儿们的到来……

周围静得出奇，路两边高大挺拔的树木郁郁葱葱，与北边的人工松柏小林子形成了鲜明的对比。突然，同伴喊道：“快看！雁群！”我翘首遥望东北方向，只见灰色的大雁们扇动着自己强壮有力的翅膀，整齐有序地排成“一”字形，它们绕过房屋，直向南边飞去……鸟儿们开始南迁了呀！

又往前走了几十步，我们将望远镜调成了 560 码，继续观鸟。老师指向了远处的一个小山庄，我们急忙锁定目标：一对白天鹅夫妇在湖里尽情嬉戏呢，它们用嘴唇为对方梳理着羽毛，相偎相依，宛如热恋情人，美丽的倒影在清澈

见底的湖水中显得格外亲近……

我抬起头向远处的草地望去，惊喜地发现了一只戴胜鸟。我赶紧悄悄地朝那个方向缓缓移动，生怕使它受惊飞跑了。远处看它，只觉得它是一团胖乎乎的白球，近处一瞧，它长着雪白的羽毛，上面交错有序地铺满了褐色的条纹，头上还长着棕色的冠羽。它正在找食吃，一蹦一跳地寻找湿地里的草根，还时不时抬起头来发出清脆的叫声，“咕——咕——”，那机灵活泼的样子真可爱……

我们静静地观赏着它们，陪伴着它们，不知不觉中时间就像鸟儿一样飞走了。中午大家返回大本营，一路上，老师滔滔不绝地为我们继续讲解鸟的知识：大雁是冬候鸟，冬天向南方迁徙；小天鹅是冬候鸟，冬天飞到池州来过冬；而戴胜分布极广，它们喜欢在山区、平原、湿地旁筑巢……我们听得津津有味、意犹未尽。

回到营地，我们又动手捏造了许多活灵活现的鸟模型。这一次的观鸟活动真是有趣！鸟是人类的好朋友，树林是鸟的乐园，如果没有大自然的馈赠，没有人类大规模植树造林，没有人们爱护鸟类的行动，我们又何处去观赏这些美丽可人的鸟儿呢？

闭上眼，营地里的鸟儿在耳畔轻轻欢吟着……我想象自己变成了一只领头的大雁，飞得很高很远……

齐心协力搭帐篷

吴晓彤

观鸟课程过后，我们就到大草坪上学习搭帐篷。那碧绿的草坪看起来既松软又舒服，一屁股坐上去感觉像坐在沙发上一样。我刚刚想在草坪上小憩一会儿，老师拿起话筒，大声说：“安静！大家围成一个圆形坐下来！”

于是，我们四个班围成了一个圈，老师就在中间示范。老师说：“先把外帐、内帐和长杆都拿出来。”原来帐篷还分内帐和外帐啊，我心里想。老师边说边做：“接着将内帐有纱的一面朝上平放在草地上，然后把长杆从洞里穿过去，共两根，注意是对角哦！”老师一边搭，一边还不忘让我们注意重点易错的地方。“现在把长杆拿起，向上向前推，让

它变成曲线、半圆形！最后，我们将外帐铺在内帐的外面，这样帐篷就搭好了！”

看过示范后，我们个个胸有成竹、跃跃欲试。我心想：这么简单，是小菜一碟嘛。于是，我、楚涵、越言、瑾轩四人各拿起一个角，将内帐平铺，然后楚涵和越言各拿一根杆子从洞口穿到另一头，我再慢慢地接过杆子，生怕折断了，把扣子固定在杆子上。每个人都小心翼翼地拿着各自的角同心协力向前向上推并固定好，就这样，我们帐篷的内帐就搭好了。最后，金翼、我和越言把外帐铺在内帐上面，并将它也固定了起来。在我们小组的团结协作、共同努力下，一个完美的小帐篷就这样大功告成了！

三分钟后，我们又非常麻利地收起了搭起的小帐篷，并把它藏进了收纳袋内，我们小组第一个完成了老师交给我们的任务。之后，我们四个人各自分散帮助别的小组搭建帐篷，将已经穿过长杆的内帐四个角一起向内上方同时顶起，划成一个完美的弧线并将四角固定好，直到我们全部小组都搭建好各自的“小屋子”。

不一会儿，温暖的阳光洒在广阔的草坪上，星星点点的帐篷在绿色的海洋中显得十分别致……

班主任有话说

两天的研学活动结束了，孩子们在与平常不同的丰富生活环境中拓展了视野、增长了见闻、学会了思考；孩子们的自理能力和集体观念得到了培养；孩子们对自我、对自然、对社会的认知得到了增进；孩子们的社会责任感和社会实践能力也得到了增强！

做课堂的“主人”

德语校队

罗子骞

我们学校有许多特色校队：有陶冶情操的管弦乐校队，有增强趣味性的科学校队，有锻炼体魄挑战自己的体育校队等等。而我选择的是德语校队。

要问我为何会学习德语，那是因为我有一套德国科普书《什么是什么》，一共有 120 本，读完后让我体会到德国科学家对科学的严谨态度，让我对这个国家产生了浓厚的兴趣，很想了解这个国家。刚好学校的特色校队开了这一门课程，我就迫不及待地加入了。

上德语课也是十分有趣的。授课的 Linda 老师来自武汉“歌德学院”，每次老师上课都会让我们“温故知新”，在讲新知识点前，总会把上次课的知识点回顾一遍，同时让我们完成上次课的习题。

为了使课堂更灵动，课程更生动，我们会通过游戏及互动的方式来学习。比如我们今天学的“衣着”，就是用玩游戏的方法来记单词。首先，每人选一种衣着，画二张相同的图片，完成后收起来打乱，然后请一位同学挑选一张图片，同时用德语念出这张图片上的衣着。再拿一张时，如果相同，你就获胜；如果不同，你还是得先读一读这个词，接着重新打乱，让下一位同学继续玩。我们这样玩了几轮后，发现自己把单词全记住了。这种情景教学不仅生动，而且效果很好！

我打算坚持学习德语，希望有朝一日可以去德国，亲身感受一下德国的风土人情，学习一下他们先进的科学技术，让我们的祖国更加强大！

放眼世界，学习先进的科学文化来建设自己的祖国，志气不小！坚持不放弃，相信终有梦想成真的那天！

篮球小将

石晋熙

你见过星期二热情的一抹斜阳吗？你见过星期二生机勃勃的操场吗？不管怎样，在星期二，你总能看见一群孩子在篮球场上奔跑，因为星期二有我们最爱的篮球走班课。

每节走班课，体育老师都会教我们一个动作。今天学习传球，就是两手抓球，瞄准胸部，向前一推。老师给每两个人一个球。我们开始练习，刚开始时动作不到位，慢慢地在老师的精心指导下，了解了动作要领：持球稳、动作敏捷、力度适当。

既然学会了动作，就要到实战中去练习了，老师让我们在最后剩下的时间打场比赛。

比赛开始了，对方的何映天发球，他迅速将球传给甘明轩，但在我方的干扰下，明轩已无计可施，只好传给三分线外的海洋。海洋二话不说，直接突破篮下，尝试勾手投篮，球砸筐而出。这时我方的子康化身为“篮板下的守护神”，把篮板球稳稳收下，传给了远在三分线外的我。我带球切入内线，使用突破分球传给昊洋，他腾空跃起跳投，球直逼篮筐，进球了！真是雷·阿伦附体了！最终我们取得了这场比赛的胜利，大家相互击掌、拥抱，高兴得乐开了花。这次“火光带闪电”的比赛给我留下了深刻的印象，真是“等闲识得篮球技，万防千投总是惊”。虽然两队势均力敌，但最后我们还是以 2∶0 的优势取胜。总结成功的经验，我们是胜在团结！胜在勇气！胜在拼搏！

转身、投篮，一条弧线勾勒出友谊；奔跑、起跳，挥洒的汗水映衬着矫健的身影。篮球激发我们的活力，点燃我们的激情！

老师特别欣赏男孩子们运动时的飒爽、球场上的英姿！尽情享受篮球，享受团结，享受拼搏吧！

课堂趣事

熊子樊

阳光刺着我的眼，王老师走进教室，她要给我们上一节作文课。

这篇作文的题目是《家庭趣事》，我斟酌了一段时间，可一时半会儿想不出来什么趣事。在学校里，和同学们说说笑笑，打打闹闹，校园趣事还是有很多很多的，可是家庭趣事却很少很少，确实很难找。我一脸茫然。

“安静！”王老师喊道。我抬起头，并且坐好。老师先让我们读一下这篇作文的要求和提示：“家是幸福的港湾，爸爸幽默，妈妈风趣，你呢？机灵、淘气，写出你们的家中趣事与大家一起分享。”读到这里，我皱了皱眉头，瞪大眼睛，心里还在说：全班有 49 名同学，但是大部分同学的家庭几乎没发生过这样的趣事，每一个人都过着自己美好的生活，趣事，却不是人人都有的。

“‘趣’字可以体现什么情感呢？”王老师开始讲课了，“写好一篇作文，首先就要选好事例，这样你就成功了一半。”王老师在作文课里经常提到这句话。之前，《一个快乐的人》和《那一次，我流泪了》都是我一拿到题目就可以写的作文题材，可今天，我连一半的“成功”都眼看要失去了。雨祯同学说：“假期里，我们一家去了一个网红蛋糕店，一起吃了一个小白狗蛋糕。”渡弋同学说：“假期，爸爸、妈妈带我去开卡丁车，超级超级刺激。”越言说：“假期里我们一家去乡下钓鱼。”睿喆同学说：“周末，我和家人学会了怎么养鱼。”“你们说的都很好。”王老师说，并且微笑着点点头。听着同学们的事例，我心里更是一阵发慌。

“唉，我想到你们都可以写的事情了！”王老师的眼睛就像发着光一样。

这时，全班异口同声：“什么啊？”

“你们先自己猜一下。”王老师调皮地卖了个关子。

“老师，能不能告诉我们啊？”我连忙抢着问。

“告诉你们就没意思了。”

我巴不得老师揭晓谜底，可老师蒙住了我的眼睛。接着，她大概是给全班做了一个神秘的动作，结果全班发出恍然大悟的惊叹：“哦……”王老师松开我的眼，而我依然蒙在鼓里，周围的同学都疯狂地暗示我：有的点头摇头；有的打手势，对口型；还有的手舞足蹈。可是我还是一脸茫然，老师的动作是什么呢？到底是什么趣事全班都可以写呢？最后还是老师告诉了我这个满脸期待的学生：“‘蔬菜说说说’也是家庭趣事呀！”原来老师刚才的动作是炒菜。啊！我怎么没想到呢？是啊，每个周末，一家人在厨房里手忙脚乱，之后满脸享受地吃着我们自己做的菜，这不也是趣事吗？我茅塞顿开，立刻把思维导图画好，拿起笔开始奋笔疾书……

所谓家中趣事就潜伏在我们平凡的生活中，我们要用智慧的双眼去发现，用热爱生活的心态去感受。

认真地投入课堂，在老师和同学们的交流中碰撞出灵感的火花，这样的学习才是真正快乐和高效的！

一节科学公开课

李睿喆

“叮叮叮”，上课了，我激动的心情一时半会儿难以平静，因为这节课是一节科学公开课，作为班长，又是第六组的“项目总监”，我一定要好好表现。

不一会儿，我们就来到了五楼的学术报告厅，一进去，场面真够吓人的，椅子上坐了 200 多位老师，前面还有两排嘉宾席。每位老师的面容都特别严肃，授课的张老师看上去也有些紧张，我不禁打了一个寒战。

在开课前，张老师给我们观看了一段视频，展现的是火箭升天时的场景。火箭之所以能升空，是因为有一种反推力，当推力向一个方向时，物体就向推力的反方向运动。课上张老师看出我们还有些听不懂，于是，用一只气球套上一根管子，然后用夹子将它绑紧，吹气，就成了反推力现象。我顿时豁然开朗，一下子明白了其中的科学原理。这时，张老师提出了一个问题："哪位同学能讲一讲反推力？"我猛地将手高高举起，老师点头示意。我大声说："反推力就是一种力量，使物体反向运动！"张老师听了，默默地点了点头，带着赞许的微笑。

我们明白了科学原理后，接下来就是动手实践了。老师先告诉了我们今天要完成的作品和要求。我们今天要做"气球小车"，也就是用"气球"驱动"小车"。张老师让我们用纸将设计图画好，再来制作。我提笔即画。一开始，我们组的同学有不同意见。有的说我们用二号管，有的又要用三号管。我是项目总监，老师教过我们，当小组意见不统一时，项目总监要负责拍板，并且为结果承担责任。我认为三号管更适合，大家此时必须服从我。不一会儿，我们组第一个完成画稿。我们选用的是三号管和一号矮架。下面就是

最为激动的测试时间了，我们先请一位同学来吹气，之后松手，小车行驶了一个完美的半圆，距离是 2.2 米。第二次，我们将气球吹得像一个大皮球，再一松手，似乎快了许多，但是航行的轨迹却只是画了一个大半圆。我们决定将一号支架摆正，气球再吹大一点，这一次小车跑出去了，我们用激光测距仪一量，2.5 米，我们小组获得了第一。我高兴地回到位置上，心情激动得久久未平。

测完距离后，张老师让各组的项目总监上讲台跟大家一起分享心得。我再次将手高高举起，老师一下子就看到了我。我胸有成竹，大步走上去。“我们组用的是三号粗管和一号矮架。用三号粗管是因为我们想让小车有爆发力，这样还可以有滑行的空间。一号矮架是因为底盘低，风阻小，跑起来也会更快！”张老师追问道：“你是怎么得来这些知识的呢？”“因为我平时喜欢看一些汽车的书籍，自己也爱琢磨一下，我发现底盘低的汽车就跑起来快一些！”张老师有些惊奇，听课的老师也在议论，大概是觉得我特别会在生活中学习吧。我开心地笑了……

我觉得这次科学课特别有意思，实践操作，动手又动脑，还培养了我们小组的团结协作能力。公开课结束后，王老师还奖励了巧克力给我们，我们不光嘴里是甜的，心里更是美滋滋的。

在生活中学习科学，在失败中吸取教训，在合作中学会承担！这是一节科学课，又不仅仅是一节科学课！在每个课堂上锻炼自己、突破自己、绽放自己，这才是最好的学习态度！

我们开“公司”

冯海洋

还记得上个月的一天。

“叮叮叮”，上课了，一位“新”老师走进了教室。为什么说她是“新”老师呢？一是因为老师姓“辛”；二是辛老师是第一次给我们上课；三是这门课是一门全新的课程，我们以前从未上过。其实呀，我们早就认识辛老师了，每次学校举行科技节活动，我们都能看见她忙碌的身影。

“这节课是 STEAM 课，首先我们来认识一下什么是 STEAM。”辛老师拿起粉笔，在黑板上边板书边给我们讲解，“S 代表 Science 科学，T 代表 Technology 技术，E 代表 Engineering 工程，A 代表 Arts 艺术，M 代表 Mathematics 数学，STEAM 就是把这些课程综合在一起的一门课程。”

“下面我们来分组，”辛老师接着说，“全班分为八个小组，每个小组代表一个公司，公司和公司之间 PK，每个公司一学期完成一个项目，最后把这个项目卖出去，哪个小组卖出的钱多，哪个小组就获胜。项目是做多功能养殖箱。”

辛老师的话音刚落，同学们都兴奋起来，马上按老师的要求分好了组。我们公司一共七个人。“大 Boss”是子航，我们选他是因为他家是开超市的。“美术总监”是佩玉，因为她是我们“公司”唯一的女生。“财务总监”是博铭，事实证明他一点用处也没有，只会添乱。“营销总监”兼“技术总监”是海洋，也就是我，当“营销总监”是因为我口才好，当“技术总监”是因为子奥不在，我顶替了他的位置。子奥是中途加进我们公司来的，因为他被“狒狒公司”开除了，我们收留了他。“杂工”是子康，事实证明他比博铭有用多了，他提了很多建议，虽然都没有被采纳。林康也是“杂工”，他是中途我们用宸君把他从别的公司交换过来的，他的作用特别特别大，因为他家养过仓鼠，而我们的项目正好是仓鼠养殖箱。

我们公司叫“好运来”公司，Logo 是一只咬着金币的蟾蜍，这表示我们的公司会财源滚滚好运连连。元宝小姐雨祯的公司叫“无名氏”公司，估计是想不出名字，然后学无印良品干脆叫无名氏。明轩的公司叫“散音”，Logo 就是抖音，看来他们是抖音看多了。昊洋的公司叫“顺丰”公司，哈哈，难道他们是想送快递吗？

开始设计项目了。“美术总监”佩玉说养金鱼，我说养仓鼠，林康说养乌龟，大家你一言我一语，拿不定主意。“大 Boss”子航胖肚子一挺，眉毛一竖，一拍桌子说道：“养仓鼠，就这么定了！”

接下来是画设计图。因为我是“技术总监”，所以由我来执笔画图，大家在一旁出谋划策。其中林康出的主意最多，因为他家养过仓鼠，是仓鼠专家。众人拾柴火焰高，大家齐心协力，最后设计出了一份接近完美的图纸。

“叮叮叮”，直到下课铃响了，大家还意犹未尽，都期待下一节更有趣的课程！

STEAM 课程到底是什么？作为班主任的王老师一直没有搞清楚其中的奥秘，但看了文章就一清二楚了！文章细致地描写了分工合作的过程和场景，仿佛让人看到了热热闹闹的课堂，即将“上市”的“公司”！

小小书法家

李乐淇

我拿起毛笔，蘸了蘸墨，笔尖轻轻地接触到了那薄薄的纸……这已经是我来到学校书法校队的第四周了。

我还清清楚楚记得在书法校队第一次上课的情景：那时因为我和班上同学刚执完勤，晚了大概十分钟，来到教室门前，我心里一阵发慌：已经这么晚了，要进教室拿笔、洗笔、蘸墨、写字，准会被老师点起来批评，同学们的目光会一个个向我们投来……我也知道害羞啊！第一次到书法校队就迟到了，老师责备，同学嘲笑，他们对我的印象就会不好啊！

可当我打开教室大门时，慌张啊，担心啊，全都烟消云散了。老师看到了我们，亲切地对我们招了招手，让我们进去坐下，拿出纸和笔。没带墨？老师借墨。没带笔？老师借笔。没带纸？老师借纸。老师还告诉我们在这之前他讲了些什么，让我们练习什么字，怎么把这个字写好的技巧……

我们拿起笔，练习老师布置的字。老师看到我们写得不对，就亲自教我们改正，看到我们写得好，就让同学们都来看一看、学一学。我在写“师”字时，刚开始写不好，老师便手把手地教我。他让我拿起笔，蘸了下墨，握住我的笔，说：“‘师’字的第一竖要短，第二笔要小……”边说边写。只见笔尖在宣纸上慢慢往下按，然后再缓缓地竖下来，到了三四厘米位置的时候，轻轻往上一收，之后再轻轻往右一横；折的时候，往下重重一按……最后，一个悬针竖，慢慢往下竖，留出一个小尖来。终于，一个“师”字完成了，横细竖粗，非常完美。

我们班的班主任——王老师，在我眼里也是一位书法家。我们班的书法课，都是她来教。王老师的字写得十分规范，每次写完后，放在白板上给我们展示，都会得到同学们的掌声和赞叹。我也开始认真地写字，很幸运地得到王老师的肯定，王老师把我推荐到了书法校队。

书法校队真是高手如云。同学们在努力，我也要努力。我不能只读好书，还要有其他特长！只要努把力，我一定会把毛笔字写得更好，加油！

文章一开头就引人入胜，从概括到具体的写作方法手到擒来，动作描写细致入微，条理清晰。丰富的校园生活给了孩子们丰富的体验，有目标的孩子收获最大！

自制手工船

陈雨祯

这学期我上的走班课叫“高级创意制作”，就是要自己用锯子、胶枪等工具独立制作体现自己创意的手工。正好 STEAM 课也要求用这类工具做手工，于是最近几节走班课的内容，我就按 STEAM 课的要求，自己创造、制作一艘“手工船”。

第一节课，老师告诉我们：“这节课使用 KT 板做船身。你们先按自己的设计图测量尺寸，画线，沿勾线将船身板锯下来，然后再用砂纸打磨，最后将船身板粘在一起。”我自信满满地想：“就这些简单的东西，要得了一节课的时间吗？说不定不到 20 分钟就可以做好了呢！”

可等我开始做了，才发现这个“简单”的任务其实很难：不知为什么，锯子在别人手中，能把东西锯得平平整整的，几乎没有一点瑕疵，可到了我手中，就锯得参差不齐，像“狗啃的”。有次还险些卡住了锯子。我一开始的信心顿时“灰飞烟灭”。好不容易材料都锯完了，用砂纸打磨时，又磨得几块板子高矮不一，难看极了。再看看别人，有的人船身都快要粘好了。我心中很不是滋味。

第二节课是装马达和接电线。老师带来了马达、螺旋桨和遥控器。只要依次装上马达、螺旋桨，再接上电线，装上电池，拼好遥控器就可以“开船”了。因为上节课落了后，所以这节课我决定“发奋图强”。我手脚麻利地将马达安装在船尾，紧接着在马达上装好螺旋桨。虽然在打孔、切割垫板等方面花费的时间较多，但老师评价说我的船可以跑得很快，我的心中又美滋滋的。我高兴得不得了，一鼓作气，将遥控器也拼好了。但因为时间不够，马达上的电线只好在 STEAM 课上继续完成了。

第三节课是最后一次课了。老师带来了许多颜色各异的防水胶带，这种胶带可以防止船身漏水。五花八门的胶带吸引了我们，老师讲了些什么，大家一句也没听，只是一直盯着那些胶带，寻找心仪的“目标”。当老师一说“开始”，大家就你一个我一个“瓜分”了所有的胶带。我用完了手上的一卷，又去借来了其他颜色的胶带，贴在我的船上。下课时，大家的船就都变成了彩色的了。这次课结束，我的船终于完工了，就等着 STEAM 课上到处炫耀了。

这周上 STEAM 课的时候，同学们都称赞我们的船是多么酷，多么有趣。“哇，你的船好好看啊！”“这船能跑多快，还能遥控吗？”我也得意地向大家宣扬自己的船多么好，多么特别：“你看，这里是动力螺旋桨……那里是遥控天线……”

“这真的是你自己做的？”

“是的，真的是我自己做的！”

不论是参加飞行知识讲座还是恐龙知识讲座，雨祯小朋友都能侃侃而谈。谈起科学，总能让她双目熠熠生光，有趣的课程更是让热爱科学的她如鱼得水。

创意纸艺

邵　言

你知道吗？今年的走班课程我终于抢到了创意纸艺课。四年了，我还是第一次抢到这个课程呢！纸艺可是我们女孩的最爱，每次开课前的网上抢课都“惊心动魄”，几乎只要 30 秒名额就抢光了。我报这个班的初衷其实是为了锻炼自己的细心和耐心，我想这对我以后会有帮助。但让我没想到的是，纸艺比我想象中更具有吸引力，当然也十分难。

五年级学生的纸艺主题是做衍纸，学用彩纸条做出立体的人物和动物。当老师拿出生动的白雪公主时，我很惊讶：俏皮的黑色卷发，白白的皮肤，长长的裙摆，那模样真是可爱极了！这也使我和同学对纸艺产生了浓厚的兴趣。第一堂课的内容是让我们用粉色的纸条圈成一个个小圆圈。看似简单的任务却要许多工具：衍纸笔、衍纸尺、毛刷……我不禁觉得有些小题大做，做这种小纸圈，用手一缠就做好了，哪用得上这些工具？老师似乎看出了我的心思，说道："做衍纸的第一步就是要认真，不然最后的作品会容易损坏的。到时前功尽弃，既浪费精力，又浪费时间。"我默默记下了这个要领，和同学们一起做好衍纸。

刚开始，我的纸圈做得又慢又少，不仅大小会出偏差，有时刚贴好，还会重新松开来，这令我十分苦恼。不过小组成员们都互帮互助，她们做完了，就开始帮我做一部分。我们分工明确，两个人负责圈纸，另两个人负责用胶将纸圈粘起来。不一会儿，全组的任务都完成了，作品也十分精美，还受到了老师的表扬呢。这种合作的感觉真好！

每一门艺术都饱含着人赋予的精髓和心血，让我们去了解艺术，创造艺术吧！相信我有一天也能做出像老师那样精美的作品。

积极参加自己喜欢的特色课程，做个心灵手巧的孩子。小朋友既认真动手动脑，又团结合作，一学期下来，收获颇丰哦！

有趣的书法课

杨斯淇

上个星期，我们迎来了新学期的第二堂书法课。

如果说第一节课是一堂理论课，那么这节课就是实践课了。这门课是由王老师教学，我们从第一课——合体字的结构开始学习，她先写了一个“觀”字，也就是“观”，点、竖、撇点……不一会儿，一个铿锵有力的“观”字就呈现在我们眼前。“哇——”我们情不自禁地赞叹不已，然后教室里响起了雷鸣般的掌声。王老师也露出了开心的笑容，没想到有这么多的学生粉丝呢！我们也十分惊讶，王老师不但语文课教得那么好，还是一位书法家咧！接着王老师又写了一个“施”字，让我们在纸上练习，再在书法本上写。白板上的两个字，黄底黑字，苍劲有力，十分醒目，十分好看。

也许是王老师的教学热情激起了我们的学习热情，也许是我们不想辜负王老师的一片苦心，不知怎么的，同学们这次的毛笔字似乎都写得非常不错，得到了王老师的好评，大多是甲☆哦。

我也被同学们的热情感染了，更加努力地练习，可是写出来的字不是歪歪扭扭，就是结构不协调。王老师过来检查的时候，提醒我的执笔方式不对。经过几次调整，我写出来的字也从“矮锉胖”变成“高富帅”了，再经过几次练习，字越来越漂亮了。我按照王老师教我们的执笔方式，屏气凝神，鼓起勇气在书法本上写下了“观”“童”“施”“圆”四个字，我的

觀 觀 觀
施 施 施
童 童 童
圓 圓 圓

AST
4EVER

觀 觀 觀
施 施 施
童 童 童

“一代杰作”终于完成了。但不知怎么把其中一个字给弄花了，显得页面不整洁，只得到了一个甲，但我还是很开心。经过这堂课，我终于掌握一些书法的基本技巧了。

这真是一堂有趣而又难忘的书法课，它让我明白，相信自己就是相信成功，只要付出努力，还是会有收获的。我期待着下一次书法课的到来！

书法可是老祖宗给我们留下来的国粹之一。也只有中国的文字能用毛笔书写后，还可以当艺术品欣赏。小作者有条理地将课堂情景生动诙谐地展现在读者面前，那份学习的专注更是值得点赞！

书法，是毛笔与纸、墨的交融；书写，是手、心与传统文化的碰撞！

“恐惧”与“勇气”

胡子奥

这个星期四，我参加了一项非常有趣的活动——迎接德国来宾！这可是我们德语校队班学生的殊荣哦！

一大早，按照老师的要求，出于对来宾的尊重，我穿着整洁干净的校服来到了学校，下了中托后，我们的这次“德语之旅”开始了！

我们排列整齐地来到了学校高大上的报告厅，每位同学找到位置，安安静静地等待着我们的外宾朋友的到来。不一会儿，我看到一位漂亮的女老师走向报告厅中间。她与校队老师交流了一番，便兴致勃勃地开始上课了。

第一个环节——交流环节。只见老师用一口流利的德语问大家："大家有过恐惧、害怕之时吗？"当然这句话的意思是校队老师翻译后我才知道它的意思的。要知道德语老师问我们时，我可是脸顿时红通通的，作为德语校队的学生，没听懂还是很不好意思的。看来以后要更加好好学习德语了！言归正传，我听到老师翻译后的问题，思索了一下，举手用东拼西凑的一个个单词凑了一句话："有，那是我看恐怖电影的时候。"德语柳老师一听，连忙把我的答案又完善了一下。德语老师听了后，对我笑了笑，重复了一遍，表示赞同地点了点头，那时的我自豪极了！德语老师随后用德语讲："恐惧，是人的一种本能的反应。它像一只老虎，在有危险时提醒我们。恐惧之感，是个好东西……"

经过柳老师的讲解，休息片刻后，我们又开始了紧张有趣的第二环节——创作环节。在这个环节老师又给我们讲了勇气。勇气，可以鼓励人做一件事情，也可以鼓励人拒绝一件事情，也是个好东西。带着勇气经过磨炼后，可以使人成长，收获满满。老师让我们在"恐惧"与"勇气"中，二选一作为主题，画六组漫画。我立刻摩拳擦掌，准备大干一番！头、身子、腿，一个"鲜明"的人物"跃然纸上"。技术太差，多多谅解吧！我写了几句富有哲理的对话在人物旁，找柳老师翻译。经过努力，大功告成。看着自己的作品，我笑了……

这一次活动，既让我以后的德语学习更加有了动力，加强了画画技巧，还让我们明白了任何事物都有双面性，看待问题要学会多角度分析。最重要的是，它让我又一次品味了上学之乐趣！

“恐惧，是人的一种本能的反应。它像一只老虎，在有危险时提醒我们。恐惧之感，是个好东西。”“勇气，可以鼓励人做一件事情，也可以鼓励人拒绝一件事情，也是个好东西。”子奥同学的这次德语校队课程将绘画与人生哲理相结合，真是有趣。投入的孩子真精彩！

吹毛求疵 or 精益求精

王琼（老师）

凌野这小子开学以来还真是有点“野”。

上学期他还上进心十足，这学期就有些得过且过了。不是作业书写潦草就是作文应付。最让人气恼的是批评他的时候，他还要顶上几句，明明是自己做得不好，还要摆出一副很受委屈的样子。

当然有些时候他还是挺积极的。这个月《诗经》小讲堂刚刚开讲，他就第一个报名。为了选好诗歌，做好PPT，他还特意周末跑到我家里来，毕恭毕敬地向我请教。谁让我俩住一个小区呢？“近水楼台”，他还是懂得如何“先得月”的，这一点我还是蛮欣赏的。

昨天翻开他的听写本，我真是气又不打一处来，字写得大的大小的小，错字不用修改符号修改，而是随意地在错字上画上几条横线。透过这些凌乱潦草的字迹，我仿佛看到他书写时漫不经心的神情，心中的怒火愈发烧得旺盛起来。

走进教室，我劈头盖脸就把他批评了一顿。也不知道他哪里又觉得委屈了，一个大男孩居然哭了起来。我更是血压升高：“什么叫男儿有泪不轻弹？什么叫男儿流血不流泪？”

运足了一口气，我又拍着桌子吼道：“你有本事哭，怎么没有本事把字写好呢？你要是认真起来，字可以写得像字帖，可你为什么总是要瞎画呢？你还哭！我每天改你这样的本子我才要哭！”

气头上，我口若悬河地数落着他的错误，全班孩子安静得出奇，都在埋头做作业。下午的阳光照在讲台上，我一边批评一边看见我的唾沫星子不断飞舞,此时坐在我眼皮底下第一排的博铭用手不住地擦着他的额头……

放学站路队，凌野就一直低着头躲着我的目光，我也气鼓鼓地瞪着他，一直看着他的背影随着放学队伍消失在人群中。

今早，他的眼皮还耷拉着，仿佛这口气他也呕得蛮长！没精力再跟他计较了。翻开书开始上《语文乐园四》了。第一题是列举了几组意思相近词性却相反的成语。比如：神机妙算—诡计多端，高瞻远瞩—好高骛远……我带着孩子们理解词语意思，联系生活实际造句子，加深他们的印象。当学到“精益求精—吹毛求疵”这一组词语时，有的孩子不懂得“吹毛求疵”的意思。这时智耀为大家解释道：“就是把毛吹开，寻找瑕疵。通俗一点说就是‘鸡蛋里面挑骨头’！”

“嗯嗯！”我连连点头，“智耀解释得非常清楚！”我停顿了一会儿，说：“这样吧，我来用这一对意思相近词性相反的词语造个句子。”孩子们都兴致盎然地看着我，知道又有哪个小伙伴要被我拿来编派造句了。

“王老师昨天狠狠地批评了凌野同学，他十分懊恼和沮丧，因为他认为王老师对他总是吹毛求疵，如果他能理解老师，就会明白其实王老师是希望他能精益求精，做更好的自己！”我一字一字慢慢地看着凌野说着。话音刚落，只见他若有所思地点了点头，忽然间他先前紧绷的脸颊松弛下来，眼皮也不再耷拉了，脸色豁然开朗起来……

课继续上着，凌野开始举手回答问题了。

下课，他主动来到我身边：“老师，您昨天让我跟楚涵报听写，我都跟她把错字找出来了……”

就这么长大

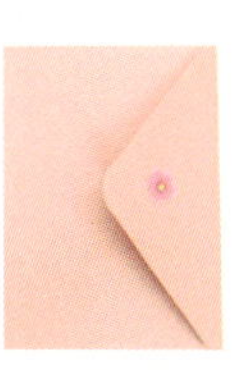

成长的滋味

领读员

杨传锦

我其实是一个大方的男孩，但特别怕老师。每一次老师向我走过来时，我都很惊慌地等着老师来找我“算账”。哎！都是因为我作业总爱“偷工减料”，经常被老师批评，让我一点自信也没有。

那一天，王老师一进教室就盯着我看了一会儿，看得我胆战心惊。王老师说：“传锦，从明天开始你来带领晨读，你来当领读员，让昊洋休息一下。”听到老师说的这句话，我一愣，怎么可能，我简直不敢相信自己的耳朵。心里想：老师让我来带领大家晨读是因为我长得高，声音大，朗读好听吗？还是因为昊洋管太久了有些累，老师想让他休息一会儿？算了，不去想了，管他三七二十一呢，老师既然把这个职责交给了我，我就要竭尽全力做好，不辜负老师对我的期望。虽然我心里这样想，可还是很紧张。昊洋看我愁眉苦脸的，赶紧把领读的方法告诉了我，我才有了些信心。

从那天起，我每天都早早地来到教室，先拿出语文书自读一遍，检查自己会不会出错，再让已到教室的同学自由读书。有人不读，我大声点名，让全班同学都听见。同学们的读书声，非常响亮，也很好听。王老师没说什么，总是在对我微笑，我越来越自信了。

有一天，老师又向我走过来，微笑地对我说：“你回家把课本的八首古诗背熟，明天早晨就可以带着大家背整本书的古诗。”

“什么？八首古诗？不是还没学完吗？那为什么不带书呢？”我惊讶

地问。

“因为明天是体育节的闭幕式，大家都不带书包……你不要紧张啊，你肯定可以都背下来的，不信你回家试一下嘛。”

听到这，我心里顿时万分后悔——当时为什么没把这份“工作”辞掉呢？

回到家我快速地把作业写完，想到王老师给我的任务，又很烦躁地开始背古诗。背了一会儿，什么都没记住。我觉得这样不行，于是调整心态重新背，先理解诗意然后再背。这样一会儿就全部背熟了。我高兴得一蹦三尺高，情不自禁地举手欢呼起来。

第二天，我自信满满地来到讲台，带领同学们背八首古诗。过了几分钟，王老师来了，看到我在讲台上带领同学们背古诗，满意地点了点头。我看懂了老师对我的认可，心中压力顿时没了。

从那以后我更加爱朗读了。每次发语音作业，我的分数总是名列前茅。前天我发的语音作业直到今天老师还在全班同学面前展示播放呢，我心里别提多得意了！

发现自己的闪光点，努力拼搏一把，谁都可以很优秀！

我的“宝座”

杨斯淇

半年前，我有了一份新工作——数学课代表，那是我靠自己的成绩和竞选好不容易争取来的。相比“大龙虾”子樊，我只是只“小虾米”。因为我没有这方面的经验，而子樊做课代表多年，早就得心应手了。我本想稳稳当当地坐在这个“宝座”上，但没想到新学期才开始，我的“宝座”就有些摇摇欲坠了。这还要从最近发生的一件事说起。

新学期，我们已进入了五年级，数学老师由彭老师换成了杨老师。杨老师可能不知道我才“上任”半学期，她有时会把我和子樊相比较，发现我和他还是有些差距，不仅是成绩上，在做老师的小帮手方面我也没有他能干，当然，最让杨老师生气的应该是“口香糖事件”了。

那天吃完午饭，昊洋给我了一块口香糖。我本想着一会就吃完了，正准备吐掉时，老师突然说要考试了，已经来不及吐了，我只好把它继续含在嘴里。哎，这可真难受啊！不时还要让口香糖“活动”一下，要不根本就含不住啊！可是没想到这细微的动作也没逃过杨老师的“法眼”。“斯淇，你在吃什么？”“嗯，我……”“你知不知道上课的规矩？”“我……”我一时语塞，不知道如何是好，既沮丧，又有些委屈。

下午执勤完了以后，班主任王老师也问到了这件事：“你今天数学课吃口香糖了？昨天才跟你说要好好表现，保住你数学课代表的岗位，做好带头作用，怎么今天又忘了呢？你这样可不行，要跟杨老师好好道歉！”我默默地低下了头，小声说："嗯，我错了，我会去跟杨老师道歉的。"后来我去办公室没找到杨老师，回到家后我第一时间给杨老师发了"语音"道歉，诚恳地自我批评，并表示以后不会再犯，请杨老师原谅。

从那以后，我变得"小心谨慎"，不仅主动收好作业本，每天还积极地往办公室多跑几遍，看看杨老师有没有需要我的地方。不知道我这个课代表的"宝座"能否坐得长久……

承担一份责任，就要做好一种表率，付出一份辛劳。"担惊受怕"或许就会让自己更加"小心谨慎"，时刻提醒自己，才能不断精进。

最好的那个我

李金翼

枫叶红了，银杏黄了，麦浪在稻田里翻滚，果实挂上了笑脸。暑假过去了，转眼就到了秋季学期。

新学期刚开始，大队委指导员孙老师大步地走进教室宣布："今天开学第一天，是高年级为我们值的最后一次勤了，以后就是你们班校园执勤一个月。作为新的美雅志愿者，希望你们能够展现你们的风采哦！"孙老师的话让我十分欣喜。平时我看见食堂里、走廊上管事的同学们觉得真威风，大门和二号门喊口号的同学们真光荣，现在可算是轮到我们了。我会被分配到哪里呢？我的心紧紧地提着，终于老师说道："金翼，二号门口。"我高兴坏了，终于能感受下佩戴美雅志愿者绶带的心情了。

开始执勤时，我们怀着满腔的热情，神气地站在校门口，口号喊得十分响，背也挺得直。可是过了一会儿麻烦来了，十分讨厌的蚊子大军向我们袭来。蚊子们作案显得十分老练，只见蚊子一号像一架轰炸机"嗡嗡"地向我飞来。要是在平时，我早就使出我的如来神掌把它打得晕头转向，可是现在，我正在值勤，我代表了我的班级，所以我依然直挺挺地站着，带着微笑看着同学们可爱的脸蛋。只要看到低年级的同学投来羡慕的目光，蚊子带给我的小烦恼就烟消云散了。

每天晚上我都会把校服和红领巾准备好，我不希望正在值勤的我没有穿好校服戴好红领巾，让老师和放学的朋友们感到不舒服；每天一放学我

都提醒妈妈帮我洗好校服，我希望我能神采奕奕地站在门口，迎接老师和小同学的目光。

看着低年级小朋友，我在想：“以前我们也用羡慕的目光看值勤的大哥哥大姐姐，如今我们也成了大哥哥大姐姐们，我们也能为学校贡献一分力量，我们也要做好他们的榜样。”

在秋高气爽的九月，如果你来到我们学校，你会看见有两排穿着整齐校服、戴着红领巾的值勤生，那名个子虽然不高，但眼里充满了坚定神情和认真劲儿的就是我，正在值勤的我。

班主任有话说

“美雅志愿者”，多么光荣的名字！当我们为校园服务，为同学服务的时候，奉献精神就已经融入我们的精魂。

国旗队选拔

胡彦熙

“国旗队”，一个无比神圣的队伍，担着光荣的使命。为了参加学校的国旗队，我积极在艺术团团长孙老师那里报名，一心想着成为一名优秀的国旗手。

我们来到了进行选拔的舞蹈教室。这时来了一个军人，大约180厘米，着一身迷彩军服，足蹬黑亮黑亮的平跟皮鞋，表情非常严肃，双眼炯炯有神。“你们好，国旗队的选拔是很辛苦、很不容易的，所以大家一定要加油儿！”教官用严厉又幽默的话语向大家说明要求，“身体不舒服的一定要打招呼儿，因为这是非常累的工作。”只见他站姿标准，语音洪亮，我不禁背后一身冷汗。

“接下来我们来练军姿。”说罢，他向我们示范——后脚跟贴在一起，脚掌呈外八，肩膀往后微张，手自然贴在斜后方大腿，也就是裤缝，大拇指斜贴在食指第二关节，就是一个标准的军姿。我们迫不及待地试试身手，学着教官的样子，站了大概五分钟，我的手掌心已经湿润得握不紧拳了。10分钟过去了，背后已经像“瀑布”了。20分钟流走了，我感觉腰有一种剧烈的酸痛，肩膀一阵阵刺痛，难受极了。终于，教官“良心发现”，让我们原地活动一小会儿。我做着蹲起动作使全身放松，但后背仍是一身热乎乎的汗水。

第二次练习开始了，大家疲惫地站好了军姿。这一次教官把我们分为两个队伍，练习“五点靠墙”，顾名思义就是身体的五个点靠在墙上，五个点指的是——后脑勺、双肩（一点）、屁股、双小腿（一点）、双后脚跟（一点）。我们靠着墙（镜子），站了漫长的20分钟，教官手把手地纠正我们的站姿，因为国旗队大部分时间都在站立。我很自信，因为教官没有纠正我的错误，这说明我站得还不赖。我不禁得意地笑了笑，当然这逃不过教官的眼睛，教官只是看了我一眼，我又不禁一身冷汗。我一哆嗦，赶紧打起精神，收起笑脸，生怕一个不留神，他就过来找我的“麻烦”。

到了淘汰环节，我们都命悬一线，谁也不知道谁会被淘汰。在呼吸声中我听出了大家的担心、焦急、忧虑……最终——我落选了。

“国旗队的选拔太艰难了！”我不禁感叹。

人外有人，天外有天，比我优秀的人有很多，我一定要付出更多努力，等待下一次国旗队的选拔。

班主任有话说

这番经历也够“精彩”的，肯定会在小作者的记忆里留下深深的烙印。虽然小作者没有入选国旗队有些遗憾，但只要我们平时也像个军人一样昂首挺胸，将来一定会气宇轩昂！

我的“小舞台”

张欣然

“欣然，出来一下。”

我快步走出教室，一看是何老师，就知道又有什么关于钢琴演奏的事来找我了。要知道我可是弹琴的小能手，经常代表学校参加表演呢！

“星期五早上 7 点 40 到小舞台去演奏！”何老师微笑着说，“到时候有记者要来我们学校采访，你就像平时在小舞台表演一样，记得穿漂亮一点就可以了，别忘了做一个自我介绍的 PPT 喔。”

“好的！”我抑制住心中的喜悦答道，假装什么也没有发生似的走进班。

一回到家，我就在家中大声宣布：“这个星期五，也就是后天，何老师要我去小舞台演奏钢琴，还有记者来采访，要我穿得漂亮一点呢！”

外公听了，用置疑的语气说道：“哎哟，这么长时间没有练琴了，还记不记得哟，哆在哪里啊？”

“哼！我都记得！”我一边说，一边走到钢琴旁掀开琴盖，“不信？你听！”我坐在琴凳上，扫了一眼谱架上的灰尘，立刻就后悔了。我连忙从杂乱的琴谱堆中翻出一本考级书，放在琴架上，弹了起来。我磕磕巴巴地把曲子弹完了，外婆在一旁笑道：“呵呵，还不错，眼瞎路熟嘛！”

我红着脸，把曲子又练习了好几遍，最后对妈妈说：“妈妈，帮我做一个自我介绍的 PPT，小舞台展演要用的。”说完我又接着练了起来，直到练得节奏和呼吸都到了状态才停了下来。

转眼间就到了星期五，我一大早就来到了学校，走到班上放下书包，换上淡紫色的公主裙，快步地走进音乐办公室。“何老师，我准备好了，可以去了吗？”“嗯，可以，走吧。”何老师说道。

一路上我走在何老师的身后，心里还有些忐忑不安，希望自己不要弹错，要知道，我代表的是学校，可不能给学校抹黑呀！不过，我想想平时我在钢琴上下的功夫，还是很有底气的！我走到三角钢琴旁，坐在琴凳上，深吸一口气，开始了我的演奏。演奏第一小节时我的手有点抖，我迅速地调整了我的呼吸，慢慢地我忐忑的心也平静了下来，弹得越来越流畅。行云流水似的琴音回荡在小舞台上，琴背后的大银幕上循环播放着我的简介，我越来越放松，感觉自己的心正随着琴音跳起了舞……

走过小舞台的弟弟妹妹们陶醉了，走过小舞台的老师们也陶醉了，我的心也陶醉了！

意想不到的收获

张博铭

昨天，王老师又叫我去练字了，但是我多么不想去练字啊。可谁让我的字写得太差了呢，王老师是不会放过我的。

下午，王老师叫我去她的办公室。刚走到办公室门口，我就想：老师会不会放学也要把我留下来呢？我带着疑问走进了办公室。老师打开我的本子指着我的字说："你呀，完全就是懒，这是什么字？这是人写的字吗？你看一下刘渡戈的字，多么工整，你再看一下喻玺的字，别人还是女生啊！都比你写得好。你一个大男子汉，还战胜不了一个小女孩子啊！"我呆住了，心想：唉，我一直认为我的字很差，很难看，我也想写好，但就是怎么写也写不好，作业本上不是乙+以下，就是重做。作业常给我带来苦恼！这不，我总在老师办公室练字！

王老师拿起我的笔，写了几个说："'嗖'字是左右结构，书写时上面不要顶格，'嗖'的竖要竖下来，但也不要竖太狠……"王老师边说边写，只见王老师的字多么像书中的字，是多么标准。听了王老师的话，看了王老师的字，我就开始练字了。我一边写一边想：王老师的字怎么可以写得这么好！俗话说："坚持就是胜利！"我继续写了下去。写"嗖"字时，我注意了竖要竖下来，写完一排后，我看了看我的字：哇，我的字不光有进步，有一些还有一点赏心悦目呢！我赶快拿我的字给王老师看，王老师微微一笑，说："嗯，这写得非常好，继续加油。"

回家后，我放弃了所有玩的时间，放下了和爸爸下军旗的时间，放下了跟小狗洗澡的时间，一心一意写作业。我先看字与字对齐了没有，再看笔画有没有差，然后看字有没有写错，再看字写得美不美，最后看有没有按老师要求来写。写完作业，我长叹一口气：这下王老师不会再叫我重做了吧，一定不会吧！我这么注意细节，应该不会错吧！第二天，老师下发作业本，我小心地打开了本子，哇，结果竟然是甲☆，不可能吧，是我在做梦吗？

本来只是想着不被老师罚重做，却没想到得了一个甲☆，这可真是一次意想不到的收获呢！

写好字没有什么太难的诀窍，只有端正态度，注意书写要领，就可以写得美观。老师不期待每个孩子的字都能写得像字帖一样，只希望同学们能够每天超越自己，作业干净工整就 OK。

汉字道歉信

刘渡弋

汉字就像一个淘气、调皮的小孩子，一会儿和你玩，打打闹闹的；一会儿却给你挖一个坑，让你措手不及，有苦说不出。现在在我的作业本上，就有几个大字——“‘棉’字道歉信”！从那重重的笔迹上，可以看出王老师对我的错字已经忍无可忍了,王老师又要我为写错字写道歉信啦!

我酷爱读书，也能写出许多好文章，但因为写错字，经常被老师罚写“汉字道歉信”。我觉得这没什么大不了，人总是有缺点的，不可能十全十美。不就是错别字吗？我又不是不会写，仅仅是因为粗心大意才写错的。谁又不会粗心呢？又怎么可能不粗心呢？因为这样的想法，我始终对错别字不以为然，认为这只是“小毛病”，一点也不碍事的。

最近的预习单中，有“看拼音写汉字”这一栏，要求先写拼音，再关上书写出和拼音相对的词和字。我认为这很是简单，只需要再认真一点点，就不会有错字了。没想到在老师逐字逐句地“严格”检查中，我被指出了许多大大小小的错误。预习单上的红圈圈可以说是密密麻麻，我们都知道卢沟桥的狮子“数不清”，而我的错字就更“数不清”了，这让我羞愧难当，和别人的作业形成了一个“大对比”。于是，为了改正我的错误，我万分诚恳地写了一封“棉”先生的汉字道歉信。

亲爱的棉先生：

你好！很抱歉，我把你写错了，你有几个兄弟，如“绵”和“锦”，我常常把你们搞混。

我想这并非粗心或大意，而是基本功不扎实，基础不牢固的缘故。你有十二画，左右结构，是草本植物，叶状为掌形并且分裂，果实为桃形，果实中的棉纤维是重要的纺织材粉，棉籽还能榨油。而“绵”字表示用丝织成的丝绸、丝绵，蚕丝结成的片或团，跟“棉”字的含义有着天壤之别。而“锦”字表示有彩色花纹的丝织品。绵、棉、锦，一个是蚕丝，一个是植物棉，一个是丝织品。如果说的是植物，肯定就是“木”字部的“棉”。

棉先生，我会改正这个写错别字的坏习惯，不懂就查字典，质量高于速度，写作技巧和阅读能力都植根于牢固的基础知识。因为我对汉字先生不负责任，不重视，所以他对我到处挖坑。粗心并非理由，基础不扎实才是症结！打实基础是锦上添花的前提！

下决心不再粗心的孩子：渡弋

2018年10月29日

如果你不重视汉字，它也许就会让你不好过。所以，不让自己掉进坑里，打好基础是关键。

汉字是优美的，汉字是博大的，作为传承者我们更应该掌握其识记方法，并严谨认真地对待。每门学科都应如此，不放过每一个学业细节，不懈怠每一次的作业。如此，我们便是学习的主人。

计算高手养成记

张智耀

这一周，我们的数学老师杨老师，决定对我们实行魔鬼做题训练——计算练习，因为我们的计算能力实在太差了！

听到杨老师宣布这件事以后，我心里不禁一阵发愁：要是考好了，在家如同在天堂，可乐、巧克力饼干任我选，兴许还可以在电脑上玩一会游戏……但是如果考不好，将会下“地狱”！女子单打、男子单打，说不定还会有混合双打……想到这里，我不由自主地抖了一下。

那天又开始了计算测试，我深吸一口气，口里默念着老天爷保佑，便开始拼命地做，那叫一个认真仔细！“好，到时间了，同桌请交换。”当我和张北辰交换后，“第一题 0.7、0.89、0.45、0.845。”当我们改完并重新换回来时，我定睛一看，哇，我全对！当杨老师问谁全对，请站起来时，我兴奋地站起，骄傲地扫视着下面的同学……

后面的几天，每次计算测试，我都一帆风顺，我也越来越骄傲。俗话说：骄兵必败。我这个“骄兵”就验证了这句话。

那一天是最后一次做魔鬼计算训练，我像往常一样，自信满满。杨老师鼓励全班说：“今天谁全对，谁就是计算高手！”我心想一定要拿下这个称号，成为计算高手。开始做了，我还是一马当先地做完了。我喜滋滋地给老师批改，盼着老师说出那个让人欢喜的词：全对。但老师皱了皱眉头，说出了几个冰冷的字：“错了一题！订正！”顿时，我从头凉到脚。回位订正以后，我又想了想：“人哪有不失败的时候，我要从头再来！”不过因为这些时间的骄傲情绪，使我一直忽略了巩固练习，所以之后第二次训练时错了一题，第三次时又错了一题……

虽然我最后没有拿到“计算高手”这个称号，但是我也彻彻底底地理解了“谦虚使人进步，骄傲使人落后”这句名言……

这个世界上从来没有不付出努力的成功。认识到“骄兵必败”就要“勤学苦练”。“念念不忘，必有回响！”孩子们，让我们一起加油争夺“计算高手”的称号吧！

背课文

李金翼

转眼间，寒假过完了，同学们又回到了教室，迎来了第一课《海上日出》的预习任务——背课文。

一谈到背课文，我全身上下都不舒服，记忆就像被冻住似的，刚刚背过的、读过的眨眼间就会忘记。可这毕竟是作业呀，不管怎么样都要完成。于是我闭上眼，极不情愿地打开了书。

我惊住了，这篇文章可真短呀！想想以前背过的《岳阳楼记》，压力顿时全无。背课文首先要分自然段，先一段一段地背，然后再把每个段落的内容连接起来，慢慢地就背下来了。我静下心来诵读、理解，仿佛看见海

上一轮明日，缓缓从地平线上升起，晨曦洒落到了海面上，课文不一会儿就背下来了。

学完了第一课，老师又让我们背第二课《暴风雨》。我自信满满，可一看到课文，我就像泄了气的球，坐在椅子上起不来了。老师看了看课文的层次和长度，对我们说："今天只背暴风雨的部分。"我心里一阵欢呼，这就简单多了。想着暴风雨时的情景，哈，轻松啊！我顺便把晴空时的场景背了一部分。第二天检查背诵的时候，我胸有成竹，毫无压力。

后来，老师又发了一篇补充古文《阿房宫赋》给我们背诵。这是一篇古文，难度可大大提升了，不仅有生字认知的困难，还有意思理解的困难。我练习了一遍又一遍，字词读顺了，意思弄清楚了，读得声音铿锵悦耳了，头脑里渐渐能浮现出秦国的残暴和奢侈了，渐渐能背下这篇文章了。

背课文让我在文学的熏陶里提升修养，积累好词好句，慢慢理解运用，让我体验到美的乐趣。一起背课文吧，踏上文学修养之路！

检讨秘笈

何映天

前天在语文课上，老师讲试卷时，我偷偷地在底下写数学作业，不料被同学发现了，我理所当然地被告上了“法庭”。下课后，我满脸害怕地走到老师面前，只觉得脑子里一片空白。“你为什么要在我的语文课上写数学作业呢？”王老师十分严肃地望着我。我低垂着头，一句话也没说，十分沉默。王老师看我无话可说，让我回家写份检讨。我的心情瞬间低落下来，万般无奈，沉重地回到家中。

吃过晚饭后，我拿起笔写检讨，却始终没有头绪，只好写了一份常用的、单调无味的检讨。“王老师，对不起，我不该……我以后一定改正！”写完后，我还暗暗得意了一下，心想这检讨写得，一定能过关。出乎我意料的是，王老师看了检讨并没有释怀，反而批评了我一顿。我心里十分不高兴，对老师有一点儿怨气。

下午，王老师却突然拿出张欣然前两天写的检讨念了起来，我不服，赌着气，没有认真地听讲。但即便我不认真，欣然同学那生动有趣的句子却渐渐传进了我的耳朵。我也被情节带入其中，老师读完后，我与其他同学都情不自禁地鼓起了掌。老师接着说：“你们听，欣然把她犯错时的神态、心理活动都活灵活现地描写了出来，老师也明白了她犯错的原因，感同身受，就原谅她啦！你们按照‘习作’的模板来写检讨，时间、地点、人物不能少，事情发生的起因、经过、结果交代清楚，人物的神态、动作、心理活动刻画要细致。如此这般，我至少读起来不会火上浇油，有时甚至会收到意外的‘惊喜’哦！”老师的话给了我启发，脑门的灯泡突然亮了起来，我一下子找到了方法。

回到家中，我立马拿起笔写起来，我早已把自己带入到了故事中，检讨一气呵成：

王老师今天在讲一份十分重要的试卷，而不听话的我却在下面写作业。老师在上面讲得津津有味，口干舌燥，一刻也不停息，这都是为了我们而做的，而我却不领会老师的辛苦付出。

一开始我还是很认真地在听，可是到了后来，因为有许多题我都是对的，因而我开始懈怠，心思溜到了数学上，那包裹在黑暗中的数学作业单，好像一名迷路的小孩，喊着要我把它带走。我望一眼四周，发现有少数同学在偷偷地写作业，我心想：他们写我也要写，谁说我不能写的？

我怀着紧张的心情将那颤抖的双手伸入抽屉里，快速地拿出数学作业，生怕被别人看见。

哪知，我刚写一笔，一旁的瑾轩和超怀着责怪与愤怒的心情，皱着眉头小声地对我说："别写了，收起来！"我一听，吓得连忙把作业本收了进去，又转过头对他们说："别人都在写，就为什么我不能写？"说罢，我对他们翻了个白眼，又继续听讲。

待他们转回头去，我又小心翼翼地把作业拿出来。我刚写一点，铁面无私的瑾轩又说："你还给我写，收起来！"

"切，有什么了不起的，不就是羡慕我能写作业吗？"

我边说边收，并没有想到她的火气已经达到了极点。

下课后，一个胖胖的身影从我眼前闪过，没错，正是瑾轩，她在向老师告状，我的噩梦也因此来临。

“何映天，过来一下……”

我觉得自己的检讨写得十分生动，想着给老师看一定不会有差错。

翌日，我十分紧张地将检讨交给了王老师，我正在暗自祈祷的时候，王老师读着读着突然笑了起来，又大声对全班同学说道。“来，大家听一听映天同学写的检讨！”大家一脸期待地望着我，十分开心。“……映天你过来一下！”王老师带着一些欢乐的语气读完了检讨，顿时掌声响起。王老师对我说：“映天这一次检讨写得不错呀，看样子你领会了写检讨的秘笈！”我心中比吃了蜜还甜，没想到我写检讨还写出了意外的收获。但我心想：以后还是少犯一点错，少写一些检讨吧！

写检讨也有方法，写检讨也有秘笈，写检讨也可以锻炼我们的写作能力。当你能够细致生动地表达出犯错时内心真实的想法时，老师当然也就原谅你啦！

自己的菠菜

石沛玉

风和日丽、雨露滋润的春天是万物复苏的季节。可是，这样的季节，并不适合种植菠菜。因为春天生长的是“疯菠菜”，菠菜经风一吹就老了，根本不能吃。

告诉你吧，农历十月才是种植菠菜的好时候。去年十月，种植校队的老师带领我们去学校的后花园种植菠菜。这一片方形的田地，位于校园的东北角，就在教学楼的后面。

首先，老师让我们除草。可望着那一片片杂草丛生的田地，我们都不知道从哪里开始。这时，老师拿着一把铲子，一边铲着杂草，一边对我们说：“大家一定要把杂草的根给一起除掉。不然的话，生命力这么强的杂草还会长出来的。并且不拔根也不好除草。”于是，我们便按指示完成任务。我蹲下身子，一边用左手抓住杂草的茎部，一边用右手中的铲子向下挖，直到把根部全部挖出来，再整根拔起。就这样一棵一棵地拔着，最后累得我腰酸背痛。

杂草除得差不多了，老师让我们播种。老师让我们挖坑之后，再撒种子。于是，我便挖出了一排排直直的坑。然后，我抓了一把种子，开心地撒着种子，完全不知道我这样做是不对的。老师见到我这样撒种子，一边弯腰仔细地将种子一粒粒撒进坑里，一边对我说："你随意播了这么多种子，既种得不整齐，又难长出好的菜。应该这样播，把种子撒到土壤上，不要太多，尽量均匀点；种子撒好后，把刚才挖坑挖出来的土，在种子上薄薄的撒上一层就行了。"播完种后，我小心翼翼地将土填上，再浇上适量的水，接下来就需要等待了。我急切地想：它什么时候才能长大呢？

从那以后，我每周都会在课余时间跑到学校的后花园，细致地为它浇水，心里总是盼望着它能快点发芽。终于，有一天，当我再次来到后花园的时候，我发现菠菜探出了头，把小小的、嫩嫩的芽儿露了出来。绿绿的芽儿可爱极了。

春天来了，菠菜越来越高，叶子越来越大。它们你挨着我，我挨着你，密密麻麻地挤在一起，有说不尽的悄悄话。但老师却让我们将密的地方拔掉一些。我疑惑不解，追问老师："菠菜长得这么好，为什么要将它们拔掉呢？多可惜啊！"老师耐心地向我解释："拔掉这么多菠菜，是为了让其余的菠菜拥有充分的营养，长得更加强壮。"我茅塞顿开："原来'减少'是为了'增多'啊！"

过了一个多月，菠菜终于成熟了，老师带着我们去采摘菠菜。菠菜刚出土时，根上沾满了泥巴，主根上还交叉着许多须根。茎的头上是红色的，再往上就变成了浅绿色，这就是大家所说的“红嘴绿鹦哥”吧。菠菜水灵灵的，让人爱不释手。洗净了，炒熟了，吃起来清爽无比。

看来读书有读书的学问，种菜有种菜的学问呢！

悄悄地告诉你，上个周日，我又忍不住跑到后花园，采摘了一把菠菜，炒了一盘，味道格外香甜。

从除草到播种，从间苗到采摘，沛玉总是那么兴致勃勃地投入科学校队的实践。亲手种植的菠菜是那么清爽香甜！什么时候老师也去参观参观这个小园子，摘一袋菠菜回去炒一盘！动手的孩子真能干！

迟　到

祝林康

“林康，时间不早了，快起来！”伴随着妈妈的呼喊声，我从床上起来，看了一眼时间：7点50分！

我快速起身，把温暖的被窝从我身上掀开，打开柜子，把我的衣服拿了出来，并快速穿上。这时房门“咚”的一声被打开了，妈妈进来说：“你看看现在几点了？你今天又要迟到了，老师又要说你天天迟到了！”我在一旁沉默地穿着衣服，一声也不吭。穿好衣服，我赶紧跑到厕所里开始洗漱。我洗得十分快，没几分钟就冲出了厕所，来到鞋柜旁。“今天的早餐又吃不成了。”我一边想一边换鞋。换好鞋子，走出家门，我来到电梯门口。只见电梯从40多楼缓慢地下来，此时的我心急如焚，恨不得走楼梯从13楼一口气走下去！电梯终于到了，我冲进电梯里，快速地按了关门键。来到地下室，我匆忙上了我爸的车，并催促我爸赶紧开车，我爸看见我这样也十分着急，一路上车开得非常快。来到学校门口，老师要求买的文具，我也没时间买，就径直冲进了校门。这时门口执勤的同学叫我不要跑，我才放慢脚步，等到离开执勤同学的视线，来到楼梯间时，我才加快了脚步，跑上了四楼。

来到四楼，我的脚步又放慢了，此时的四楼走廊上已无学生，只有几位清洁工在走廊里徘徊。四个班的读书声一阵阵传来，我明白我迟到了！刚好这时铃声响了，是8点10分的铃声，这意味着我已经迟到了10分钟，我们老师要求8:00开始晨读，除了天气特别糟糕外，她不允许迟到。我在我们班的教室门口徘徊着，不敢进去，但又不敢不进去。要是我在教室外面犹豫太久，老师会更生气。没办法，我只能硬着头皮走进去了。走进教室，我用不算大也不算小的声音喊了一声——“报告！”这时全班同学都停下读书声，目光齐望向我。老师只是看了我一眼，摇摇头，说：“进来吧！”这令我心生愧疚，因为我的多次迟到，老师仿佛很无奈了。我只好轻轻地走到座位上。这时我的两个组长都回过头来盯了我一眼。我从书包里拿作业，让我前面的人传给了组长，但帮我传作业的那个人回头对我说：“数学组长说本子已经交上去了，你自己交给老师吧。语文组长刚刚说你下次再迟到，他就不收你的本子了！”没办法，我只能课间独自把作业交给老师。在当天晚上写“迟到反思”时，我下定决心，第二天一定早到。可是我作业拖拖拉拉地硬是磨到很晚才写完，上床……

第二天，我很早就来到了学校，我来的时候班上才来了两个人。那两个同学说：“太阳从西边出来了，你居然来这么早。”老师走进教室，也微微有点震惊，表扬我说：“有进步，以后争取天天来早一点。”“好的，以后我一定早点到学校。”我回答说。我不禁笑出了声……

“林康，时间不早了，快起来！”妈妈的吼叫打破了我的美梦，我看了一眼时间，现在已经7：50了……

脱口秀

王诣博

“雅科不的萨沙……”昨天语文课堂上老师正分析着《童年》里的人物形象，我却用着奇怪的语调对着同学们念着小说里人物姓名。同学们听着我那阴阳怪气的语调，不禁涨红了脸，忍不住“噗”的一声笑了出来。

老师那如探测器的目光扫到了正在笑的同学身上。“站起来！有什么好笑的？”老师那严厉的声音回荡在教室里。“我，他……他用很古怪的声音逗我们，所……所以……”话音未落，老师瞪着我说：“怎么，你这么喜欢在我的课上搞笑，是不是手痒痒，又想写检讨了？”“不……不想。”

老师欲言又止，迟疑了一下，对我说道：“这样吧，你这么喜欢逗别人笑，那就让我们都乐一下，不如你明天晨会时为大家表演脱口秀？”我一愣，似乎不相信自己的耳朵。老师盯着我，意味深长地笑了笑：“你明天早上表演——脱——口——秀！”我面对老师睿智的眼光和同学们期待的眼神，只好点了点头，内心却是百般无奈。“你知道吗？脱口秀要抖包袱哦！要让同学们笑哟！”王老师摇晃着脑袋，看着一脸茫然的我颇有些得意地说。听了这句话，我心里仿佛像被毒蛇咬住了要害，又晕又痛又难受。“这下可好了，包袱还没抖，脸都抖没了！”

“我给你说啊，我有一个关于脱口秀的视频，回去发给你呗！”“哈哈，你也沦落到如此地步！”“你莫怕，有老兄我帮忙……”下课时，同学们有的为我出鬼点子，有的想看我笑话，都围在我身旁。谁说的话我也听不进去……

回到家中，我无精打采地吃着饭，脑中想着第二天要讲脱口秀的事。“怎么办啊？等下还有课，作业还没有写完……”“哐”的一声，原来是妈妈回来了。妈妈一进门，鞋子都不脱就说道：“你上课在干吗？我的小祖宗，王老师都一一告诉我了！”我此时全身好似有金钟罩附体，她说的什么，我一句也听不进去。此时在我心里，脱口秀就像一种病，折磨着我……

22 点 30 分，我写完了作业，浑身乏力地躺在了床上。可一点儿都不困。我坐了起来，打开平板，开始看起了脱口秀视频。在查阅完资料后，我选取了几个认为合适的段子练了几遍。已是 23 点，夜深人静，我还是没有感受到倦意，于是在自己房间里做起了动作。但我觉得自己演得并不好，再来了一遍；还是不好，又来了一遍；还是不好，又来了一遍……凌晨了，倦意涌了上来，不知不觉我在床上坐着睡着了……

第二天早上，我睁开眼睛，伸了个懒腰，赶紧爬起来去学校。在去学校的路上，我一边走，一边为即将表演的脱口秀配上动作。一到教室，同学们又再次围到我的身旁。“准备好没？”“加油，老兄！”“我，相信你哟！”我听到这些话，腿又无力起来……

脱口秀开始了，看到老师那不同寻常的、鼓励的目光，再看看同学们那期待已久的小眼神，我感觉“病”已经治好了，浑身充满了干劲。我充满了信心，为观众们开始表演史上最好的脱口秀。我感觉自己是一个最棒的脱口秀演员了……

表演结束，节目圆满成功。我舒了一口气，台下响起了掌声。我瞟眼一看，老师也在为我鼓掌……

变成眼镜的日子

林楚涵

每次做作业，王老师都会提醒我们腰要直，头要正，身体坐端正！还有什么“三个一”，听得多了，总是有点不以为然。

这次周末我与妈妈去配眼镜，我的度数比之前又高了一些，不过配完后一回到家，我就对新眼镜爱不释手，镜框有白有黑，搭配起来也十分好看，戴着看东西也十分清楚。到了晚上，我思索着第二天一定要给大家看我戴的新眼镜，但不一会儿就睡着了，迷迷糊糊中我变成了一副眼镜，在眼镜店中摆放着。

这时，我看到了许多朋友，比如老花镜爸爸、时尚先生太阳镜和眼镜小姐，还有店里的医生，我们打过招呼后，也就变得再也不陌生了。我跟时尚先生太阳镜说：“你觉得是谁会来配你呢？”“肯定是特别时尚的人，才配得上我。”时尚先生说。而我却想：“只要谁需要我的帮助，我都会帮他。”

过了几天，一个小男孩和妈妈来到店里配眼镜，小男孩两只眼睛度数都是 250 度，他们配镜框时选中了我。我无比开心，想到自己既可以帮助了他，又有了新主人。

上课后，小男孩戴上了我，瞬间黑板上的字从模糊变成了清晰，并且一切都明亮起来。上课时我环顾四周，发现教室很大，其他人都在认真听讲，但我的主人却在开小差，我便告诉主人：“不要开小差了，不然会听不进去的。”或许是心灵感应，小主人不开小差了，上课积极发言，受到同学们喜爱。就这样我帮主人看字,主人好好听讲,每天上课这样你帮我,我帮你,互相配合着。

有一天，我发现小主人又有些看不清黑板上的字了。原来啊，主人一回到家就立即完成了作业，但随后也拿起手机开始玩游戏。我一直提醒他：“主人，别玩了，这样会让眼睛更加近视。”我看到主人玩游戏时可比上课积极，嘴里喊着冲啊，杀呀，一点也不文雅。我这时才觉得有一个这样的主人，也不是那么自豪。

过了几天，小男孩和他的妈妈又一次来到熟悉的眼镜店，原来小主人的镜片从250度到了350度，他换了厚厚的镜片，戴着一点也不舒服呢!

“叮叮叮”，闹铃声把我吵醒了，我揉了揉眼睛，戴上了眼镜，环顾四周，也看了看自己，心想：“这原来是个梦啊，我以后可不能像小男孩这样，多严重啊。”想完之后，我与眼镜也一齐到了学校。

又到了做作业的时候，老师的提醒还没说出口，我赶紧把腰背挺直，调整好坐姿才开始动笔!

做个有“礼”的孩子

杨宬昊

“相鼠有皮，人而无仪，人而无仪，不死何为……”在琅琅的读书声中，在今天同学的诗经小讲堂上，我学会了《诗经》中的《相鼠》。这首诗告诉我们要有“礼”。

读这首诗的时候，老师的眼睛总是盯着我，而我只有低着头，沉默不语，因为我一直都不怎么讲礼仪。

上课时，老师开始讲课了，我会十分用心地去听，仔细地做笔记，一点也不漏掉。可是到了后半节课，我的精力慢慢地消耗完了，注意力似乎也不那么集中了，思想好像飘到了九霄云外。我开起了小差，在课桌底下玩起笔来。这时，王老师的火眼金睛一下子就发现了，大喊一声：“宬昊。”我一惊，才开始继续认真听讲。

下课后，我这颗贪玩的心就像脱缰的野马一样，不受任何人的约束，在广阔的草原上肆意地奔跑。我会拉着一群朋友，玩纸飞机，我不停地折纸飞机，让他们拿着纸飞机在教室里飞来飞去。有时还会把同学的笔袋藏起来，让他着急地找来找去，而我却在一旁看着他着急的表情偷笑，直到快上课时，才把笔袋拿出来给他……

从我学会的这首诗中，我知道了这些行为是无礼的，那以后我上课时和下课后知道守规矩了。因为认真听讲是对老师的尊重，课间和同学好好玩耍是尊重同学，这都是有礼的表现。

还有我平时总是爱弯腰驼背，活脱脱像一个七老八十的老头。一天上早操，我依旧驼着背，被王老师看见了，她厉声对我说道：“背挺直，精神点，不要弯着。”我连忙挺了挺身板，可没一会儿我又变回了老样子。回到班级后，王老师专门讲了一节关于举止的课。课堂上，王老师还特意模仿了我弯腰驼背的样子，这时的王老师完全像变了个人。平时老师看着很精神，这时她似乎老态龙钟。王老师的样子惹得全班哄堂大笑，我也忍不住笑了笑。但很快我又感到十分丢脸，心里就像被蛇狠狠地咬了一下，又痛又难受，我决心要努力改掉不好的习惯，让自己有好的仪表。

又有一日早操，我的背挺得直直的，老师看到了赞美道：“不错，今天的背挺得很直。”听到老师的赞美，我把腰挺得更直了！

“相鼠有齿，人而无止，人而无止，胡不传死。”这句话就是说人要是没有礼、仪、止，还不如老鼠的躯体。我决心要改掉身上的不好的行为，争取做到上课认真听讲，下课不和同学打闹，做一个尚美优雅、懂礼仪的学生。

讲礼仪是中华民族的传统美德，从古至今，源远流长。做什么事情，先学会做人！《论语》中说：“不学礼，无以立。”就是说不学会礼仪礼貌，就难以有立身之处。杨宬昊同学知道反思自己的言行，真是大大的进步！相信越来越有礼的他会进步得更快！

我是“挑食大王”

张一凡

我改掉了许许多多的坏毛病，但有一个坏毛病，让我至今伤透脑筋！

我是全班同学和老师公认的“挑食大王”，我不吃青菜，不吃洋葱，不吃肉……

这天中午，我和往常一样，一边哼着《平凡之路》，一边写着作业，等全班其他同学都打完饭后，我再去打饭。到那一看，好像天打雷劈，菜好难吃呀！王老师看见我瘦弱的身躯，给我打了很多很多的菜。王老师对我说：“一定要把饭吃完，不准倒！”我只好吃，可是勺子都不知道往哪里下。王老师再一次好心地提醒我，要我快点吃。我的心里真的是十万个不愿意，但是我必须吃完。

我开始磨时间，我是一个“老油条”了，倒饭的本领可是一流的！我随着人群来到了后门，藏在了门后面。餐车推了过来，我快速出手，可正准备倒饭的时候，突然一个十分熟悉的声音响了起来：“一凡，你给我过来！”在这千钧一发之际，我停下了手中倒饭的动作，转过身去，发现王老师正一脸怒气地望着我。我被老师点到了讲台前面站着吃，同学们的眼睛都齐刷刷地望着我。我此时百感交集，十分紧张，十分害怕，身体都忍不住地颤抖着。

午睡时间到了，同学们都拿枕头准备睡觉，灯已经关了。其他同学睡下了，王老师正在批改作业。但是王老师说我今天不吃完不准睡觉！我只有端着饭碗站在讲台上，眼睛里已经噙满了泪水。眼泪顺着我的面颊掉到了饭里，感觉咸咸的，我内心不住地抱怨，口中不断恳求王老师原谅我。可不论我怎样苦苦哀求，王老师都不同意。此时我真觉得王老师是铁石心肠！无可奈何的我，只能硬着头皮把饭吃完了。午觉结束的铃声响了起来，同学们都拿出作业本做作业，有的同学惊讶地望着我，说道："怎么还没有吃完呀！"我得到了王老师的允许，把碗放到了食堂。

回到家里，我向妈妈诉苦。谁知妈妈却说："我平时好好跟你说让你不要挑食，你不听，现在被王老师整治了，我还要好好感谢王老师呢！"虽然我知道她们都是为我好，可我的心里仍旧愤愤不平。

接下来很多天吃饭的时候，我都被王老师"盯"着，总是站在王老师的旁边吃，渐渐地我发现其实所有的菜都有它的独特滋味。洋葱，其实没有想象中那么难吃，甚至有点甜；瘦肉，多嚼一嚼，其实味道十分好；青菜，脆生生的，十分好吃。渐渐地，可以从王老师脸上看到满意的笑容！

我想我也可以改掉这个挑食的坏毛病了，成为一个又高又壮的男孩子！

要想身体全面发展，除了积极参加运动外，还要合理搭配饮食。不挑食、不浪费粮食，我们要做一个饮食健康的孩子！

春季长跑

王子航

送走了寒风刺骨的冬天，迎来了明媚而又温暖的春天。与此同时，我们红领巾国际学校为了让我们更进一步地感受到春回大地，准备举办春季长跑的活动，这可真让我哭笑不得呀！

昔日，体育课上的跑步，一般是跑两圈，跑完后，我感觉自己都已经要虚脱了。现在，春季长跑竟然要跑四圈，这跑完后不要累昏啊！因此，对这次长跑活动我是恐惧而抗拒的。

今天又是一个阳光明媚的日子，但这也意味着今天要长跑了，恐惧的心情伴着我一直从家出门持续到了第二节课下课。下课后，只见班长拿着班牌在教室的门前整队下楼，同学们都一蹦三尺高，开开心心地冲出了教室，去操场上尽情地撒野，只有我，慢慢吞吞地起身，像一只乌龟一样“爬”出教室。下楼的时候，我迈着沉重的步伐，一脸不情愿的样子。老师见我满脸不悦，拍了拍我的肩，摸了一下我的肚子说道：“长了一身肉，还不快去跑四圈！”慢慢地，我们的队伍来到了候跑区，听候体育老师的调遣。等老师将1401班前面的所有班都排完后，我的心变得紧张起来，心跳也渐渐地加快了，就怕到时候跑不动，同学们会笑话我，这可是全校大长跑呢！

啊！终于到我们了，老师对我们说了一句“1401班跑三道、四道。”我再三叮嘱李班长，“慢一点，慢一点，班长大人就慢一点吧”，可是他像没有听见似的，跑得更加快了！我跟着大家快跑了一圈后，两条腿就像灌了铅一样重得抬不起来了。我体力不支，气喘吁吁，速度慢慢地减了下来。昊阳催促我快点，我的心中“咯噔”了一下，便让奕畅带着其他男生跑完步，超过我的人都异口同声地说：“加油！王胖胖！”那声音亲切，听了令人感动。在阳光的照耀下，我的腿变得愈来愈沉重，同学们不停地鼓励我。加油，还有一圈，我可不能辜负了同学们对我的期盼。加油！终于——我跑下来了，豆大的汗珠经脸颊落到地下。

这时，舞蹈孙老师看着我说道：“小伙子，该减肥了，再跑两圈吧！”我连忙苦笑着摇摇头，拒绝了老师的“好意”。

虽然今天跑得还是很吃力，我却感觉十分有成就。感谢那团模糊又可怕的魔鬼影像，让我坚持了下来。

回望操场，看着那红红的跑道，我心中不由得还是惊悸了一下——明天的长跑，我该怎么对付呢？

严格来说"春季长跑"应该是"冬季长跑"，因为上学期就开始了。只不过一个冬季，武汉的天空都被阴雨的天气霸占。小作者抓住了自己对跑步的恐惧心理和跑步过程中的艰难状态，并进行了精彩的描写，让读者真实地感受到一个小胖子的苦恼。好在每天都有不少老师给他加油打气，小胖子现在也愈跑愈轻松了！

"生命在于运动"，体育锻炼对人体健康起着重要的作用。让我们一起锻炼起来吧！

壮丽七十年

杨 超

封建与腐朽的日子早已沉入河底，被激流冲刷得干干净净. 如今，新中国这头东方雄狮已睁开了双眼，奋力奔跑，发出一阵阵震撼世界的吼声。

2019 年 10 月 1 日，天安门已是人山人海，红旗翻涌，无论是现场还是电视，无论是内地还是港澳，无论是中国还是海外，每一位赤子心中的思念会化作线，紧接着祖国，14 亿根红线牢牢系在中国土地上，似乎能听到 14 亿人的心跳。

上午，庆祝大典开始，护旗队从人民英雄纪念碑出发，直至升旗台。56 门礼炮发出铿锵 70 响，向世界宣告："今天的中国如此昌盛！"

接着，习近平主席发表了重要的讲话："昨天的中国已被载入史册，今天的中国……伟大的中华人民共和国万岁，伟大的中国人民万岁！"这声音传到大江南北，响彻长城内外，在每一个中国人的心中久久回荡。

习主席开始检阅部队："同志们好！同志们辛苦了！"军队高呼"主席好！为人民服务"，目光跟随着主席的身影。

最让人期待的大阅兵开始了！陆军首先入场，他们永远是我们国家最坚实的后盾。他们从战火硝烟中用热血与刀锋换来胜利，多么伟大！海军英姿飒爽地登场了，他们身穿和航母一样的白色军装，纤尘不染。坦克缓缓驶入，那是坦克方阵过来了。中国坦克从来不主动挑起战争，但它们也随时准备迎战。空军开始受阅，隆隆声逐渐近了，排山倒海的气势呼啸而来，预警机、歼击机、加油机，轰炸机……各式各样。最后，教练机放出 7 条彩雾，绚丽而悠长。东风—41，核导弹……来者必将震慑，谁敢与我“东风”匹敌？

我们，新时代的少年啊，发奋吧，雄狮在奔跑，我们要紧跟它的步伐。待到中国如珠峰一般矗立在世界之巅时，我们的心，全中国的心都会感到欣慰的。

1949 年，五星红旗冉冉升起，任凭你 70 年的风吹雨打，任凭你 70 年的风雨雷电，永不褪色的是鲜血染的、星光缀的国旗——我们的未来依旧壮丽！

飘扬的五星红旗庄严美丽

追梦的中华儿女热血澎湃

关于梦想我们从不放弃

付出所有热爱不留遗憾

向国旗敬礼

和祖国一起追梦！

“画笔”里的深情

我的好朋友

潘越言

在这个班里，我有许多的好朋友，如佳怡、斯淇、亦妍、紫妍……但是我最好的朋友还是乐淇了。

乐淇今年已经九岁半了，个儿和我差不多高，在她那透红的脸上有着一双明亮的眼睛，似乎在跟你说着什么快乐的事。一张小巧的嘴巴像个成熟的石榴常咧着。你们别看乐淇外表文雅安静，其实她的内心很活泼，开朗。

今年我和乐淇同时被选进了啦啦操校队，可是我们去校队报到的第一天才知道，原来校队四年级的学生除了我和她之外，只有另外的三个女生。在校队里我只和乐淇熟，其他同学我一个也不认识。但每周一、周二我们一起上课，一起放学，后来我们成了无话不谈的好朋友。

有一次在上啦啦操课的时候，罗老师先让我们把戏曲操跳一遍。罗老师看了后觉得我和乐淇跳得最好，就让我和她到前面去带操。

乐淇听到这句话后大大方方地走到了前面，开始了带操，可我胆小怕跳错了不敢上前，站在自己的位置上面一动不动。这时乐淇用她那明亮的眼神，鼓励我上前，仿佛在说：“别紧张，有我陪着你呢，我们来一起努力吧！”于是我也大胆地走上前面，和她一起快乐地跳了起来！

乐淇还是一个既独立又能吃苦的女生，每天的作业从不让家长操心，课余时间她还在学弹琵琶呢！她家住得很远，每天要走半个多小时才能到校，可她却从来没有迟到过。

乐淇就是我的好朋友，一个活泼开朗，又能吃苦的女生。我想我应该更加努力地向我的这个好朋友看齐！

校园里有了朋友就多了许多欢乐和陪伴，有了榜样的引领就多了许多鼓励和奋进。

感　动

梁　爽

生活中感动无处不在，比如父母给我一个鼓励的拥抱，老师在学业上为我点燃一盏最明亮的灯，同学在我有困难的时候给予我莫大的帮助……我多次被感动过，其中有一次让我记忆犹新，且听我说说吧！

有一次语文三校联考，30 个人一个考场，二人之间隔一张桌子考，似乎这次考试特别重要。我和我的好朋友张欣然在同一个考场，也是临桌，虽然很开心，但一想到马上要考试了，内心里还是挺紧张的。

最近我的学习态度不是特别好，复习不怎么认真，上课有时候还会走走神，在这样的情况下，我心里不禁捏了一把汗，怕这次考试给班级拖后腿。

一旁平时学习成绩还不错的欣然看到我很紧张，就说：“爽儿，快陪我去上一趟厕所吧！”虽然我不太想去，想抓紧时间复习复习，可她毕竟是我的好朋友，而且她的腿受伤了，行动不是很方便，所以还是陪她去了。

去厕所的路上，因为我们俩的手是紧紧地牵着的，所以她摸到了我手心里的汗。她笑着说道：“紧张吗？不要紧的，一会儿回去的时候，我们可以来一个古诗的问答游戏！我考考你，你考考我，这样我们就可以在时间充足的情况下把知识点有效地复习一遍了。只要阅读题答得仔细一点，作文思路清晰一点就好了！”我激动地说：“嗯，好的！欣然你太聪明了，你是我的救命恩人啊！”

上完厕所后，我们回到了考场的座位上。离考试时间只剩下 10 分钟不到了，我焦急地对她说：“完了完了完了，就剩这点时间了，我们俩怎么可能都复习到位啊？”“没关系的！我可以帮你复习完了之后自己再复习一下。”欣然微笑着说。

“《书湖阴先生壁》的作者是哪一个朝代的哪一位诗人？”“是宋代的王安石。”“对了！”“老马识途比喻什么？”“比喻经验丰富的人做事成功。”“对了！”……

六分钟过去了，我复习完了，我对欣然说：“那我来帮你复习一下吧。”她答应了。

“叮叮叮……”考试开始了，我们互相鼓励了一下对方，试卷就发了下来。我打眼一看，发现大多数题刚才我俩都复习过了，我们对了一个激动的眼神之后，就开始答题了。

两天过后，考试成绩发下来了，我得了一个还不错的分数，我激动得跳了起来。要不是因为欣然的帮助，我恐怕也得不到这样的分数，这样的朋友怎么能不让我感动呢？

朋友之间温暖的支持和帮助最令人感动！

我的小伙伴

张宇明

一个暖心的举动，一句激励人心的话语，一声平常的问候都可能令人感动。令我感动的是朋友鼓舞我的眼神，拥抱我的双手。

前不久，英语李老师在班上郑重宣布："英语口语比赛开始了，感兴趣的同学到我这报名。"一开始我并没有勇气参加，但在老师的激励下，我勇敢地跨出了第一步，走向了初赛舞台。

比赛当天，我好似变了一个人一样，怀着无比激动的心情冲向比赛现场——学校报告厅。进门的一瞬间，我被吓得目瞪口呆，赛场上那一排排的选手，像兵马俑一样端坐在座位上一动不动。我没有多想，迅速找到了1401班的候座区，我看到同学欣悦、子樊、雨涵、海洋早已坐在那里了。他们神情严肃地跟我说："你来得太慢了，跟蜗牛一样！"我报以歉意的笑容，急忙找到位子坐了下来。

我刚坐下，突然子樊问："你紧张吗？"我说："有一点。"他又问："难道你还没准备好吗？"我惊慌失措，支支吾吾地说："准，准备好了。"我心里暗想：虽然之前我准备得足够充分，但到了赛场心里总是忐忑不安，不知如何应对接下来的表演。

"Hello every baby , my name……"这时几名六年级的学长走上台，开始了他们的演讲，他们一起表演《疯狂动物城》的片段，发音都非常标准，剧情非常搞笑，大家都笑了。他们的表演非常完美，我在赞赏他们之余，感到心中的压力又增加了几分。

紧接着轮到我表演了，我迈着慌乱的步伐，战战兢兢地跨上了舞台，开始用英语作了自我介绍，然后开始演唱我精心准备的英文歌曲。在这极度紧张的时刻，我看到坐在舞台正下方的海洋同学对我使了使眼色，并举起了拳头给我打气，好像在对我说："加油！你能行，相信自己！"我特别感动，心情也随之平静了下来。我深呼了一口气，终于唱出了第一句，慢慢地唱到副歌部分时，我依稀听到评委老师在点评我的歌声："他的高音还不够，其他部分还不错，需要提高音质。"于是，我的心又提到了嗓子眼，但回想起海洋那鼓励的眼神，犹如一阵阵温暖的春风吹了过来，仿佛把光明吹到了我的心田中，使我有了勇气，使我冲破了困境。于是我干脆放开嗓子大声唱出这首歌的高潮部分"You raise me up，so I can stand on you shoulders……"随之在大家的掌声中，我结束了表演。

我回到座位，欣悦一边对我微笑一边鼓掌，子樊拍拍我的肩膀说："你唱得真好！肯定可以进入复赛。"我心花怒放。最后海洋高兴地迎了上来，给了我一个温暖的拥抱，我觉得既亲切又感动，就像那首我演唱的歌《你鼓舞了我》一样，同学的鼓励增强了我的信心，使我忘记了比赛是多么重要，唯有朋友们的真情才是最温暖、最鼓舞人心的事。

时至今日，我常常回想起比赛那天小伙伴们对我的鼓励，是那么贴切，又那么真诚，使我至今难忘与感动。谢谢你们，我的朋友！

同学关切的眼神和温暖拥抱最令人感动。

温暖的阳光

张亦妍

有很多事，在我的生活中慢慢滑过，逐渐淡忘，但有一件事却令我久久不能忘怀。它像一缕温暖的阳光，洒满我的心田，让我感动至今。

那是晨间的一节语文课，“今天我们来学习第 22 课《歌词两首》。”和往常一样，王老师将要带领我们进入歌词的世界——学习歌词可不是件简单的事。

王老师说了声：“现在分小组讨论，看看你们从每节歌词中品味到什么。”全班都在积极参与，显得好不热闹。过了一会儿王老师问道：“现在有哪个小组可以分享自己讨论的结果？”全班顿时鸦雀无声，仿佛能听到自己的呼吸声。这时，欣然小组举起了手，打破了这寂静的时刻。他们小组成员的发言个个切中要害，个个无懈可击，堪称完美，当同学们将热烈的掌声送给他们时，我真是羡慕不已。

接下来是学习第二首歌词，再次进行小组讨论。此时，我们小组的子骞已经按捺不住了，他边拍桌子边激动地说：“这次我们一定要发言！”看着他那信心满满的样子，我和玺相视一笑，耸耸肩表示爱莫能助。要知道，在课堂上我可是惜字如金的。小组讨论开始了，积极分子子骞主动要求第一个发言，幕后军师睿喆最后补充。看我和玺迟迟不表态，子骞说：“不要担心，把自己的想法大胆地表达出来，我们一起讨论，有不足的地方我们再来补充。你看，这个词表示友爱，这儿表示和平……”他边说边在书上指手画脚，玺在一旁不住地点头，表示赞同。可就算这样，我还是有些忐忑不安，担心没有说到重点，担心卡壳，担心忘词，焦虑使我眉头紧锁。此时玺仿佛看出了我的心思，对我笑了笑，好像在对我说：“加油，你可以的！”不知什么时候，闷不作声的军师睿喆将重点词语在我书上做了记号。也许是他们积极的态度，也许是他们温暖的话语，也许是他们肯定的目光，让我有了信心，我也积极地参与到讨论中。

“好，小组讨论结束，现在哪个小组来发言？”王老师的话音刚落，不出所料，子骞把手举得高高的，生怕王老师看不见。“好，子骞，你们这个小组来回答。”子骞立马从凳子上弹起来，滔滔不绝地发表自己的见解。紧接着是腼腆的玺：“第二句中的‘时刻’说明……”她大声地回答道。

“我来说第三句，两个‘同’写出了……，‘传四方’写出了……”这个响亮的声音是我说的？过了几秒钟我才反应过来，我看到王老师那赞许的表情，一会儿扬起眉毛，一会儿面带微笑，在我说到重点时还猛地点点头。我越说越自信，忘词？卡壳？根本没有的事儿！最后，睿喆进行总结发言。接下来，自然就是大家热烈的掌声了！

课堂结束了，小组成员对我鼓励的话语、默默的帮助，王老师肯定的眼神，就是这样小小的举动，感动了我，让我难以忘怀。

积极的鼓励和肯定最令人感动！

我的组长

江陈奥文

这几个星期开展了数学小组加分的活动，规则是每节课上课前同学们做口算，对则加分，错则减分，以座位每一竖条为组，其他方面如作业该订正没订正也扣分，上课发言另外加分。活动从开展到现在，我最敬佩的无非是我所在小组的组长语函。

记得一开始时，我每天题不会做被扣分，计算错也被扣分，为此被扣了不少分。这时，她走过来教我订正作业："遇到这种题先找单位'1'，要是单位'1'未知，用除法，要是单位'1'已知，用乘法。所以这题应该用125÷5=25（个）。"她总是耐心地教我。

周四我们小组的分就要垫底了，别的小组组长都在责怪丢分的组员，可是她却温和地对我说："你只要认真把计算做对，在上课时回答一个问题我们就心满意足了。"第二天语函主动给我出了一堆口算题，虽然我很不情愿，但小组垫底也是因我而起，所以我无法拒绝。后来我每天在学校做她出的口算，回家又做口算练习，现在我的计算几乎全对了，我真要好好感谢她！

月底到了，数学所有的订正都要再检查巩固一遍，可把我忙得头晕眼花。看着这一大堆我不会的题，我的心就像被一只手死死捏着。这时语函向我跑过来，手放在桌子上，对我说："不会吗？我来教你。"她手握红笔，将我不会的题的知识要点勾画出来。"这题首先已知圆的半径是4厘米，要求一个圆环，那肯定就是大圆减小圆面积的差就完了。”她把一半我不会的题都给我讲了。

我看着组长远去的背影，心想：她不仅要检查自己与别人的作业，还要教我做题、订题，真是太辛苦了！我猛然心头一热！

为尽职的组长点赞。组长温和地对待组员，耐心地为他们讲解难点，这种团结友爱的行为值得老师表扬！

我的同桌

王子康

这几个星期开展了数学小组知识比赛加分的活动，这个活动从开始到现在，我最感谢的是我的同桌超儿了。

记得在一次课上，杨老师让我们按学号来答题目，眼睁睁看见一个个同学都答完了，马上就轮到我了，我慌得手忙脚乱。“这一题的答案是多少？”杨老师问。我却呆若木鸡地站着：“这个……这个……”只听见杨老说：“直接扣分。”下课后，组长有些气愤地对我说：“看你为我们这一组扣了多少分，那么简单的题目你也不会，影响到了大家。你究竟在想什么？这么简单的题你都答不出来，真让我无语呢！”我又愧疚又无奈，脸一下子红到了耳根，头也低了下去。

正在这时，同桌超儿见状走过来，他先安抚了一下我的情绪，鼓励我不要怕，对我说：“平时上课一定要认真听讲，不会的题目你既可以课后问老师，也可以让我来帮助你，我们是同桌，可以互相帮助，没关系的。你要大胆一点，今天的失误，是可以弥补回来的，要相信你自己。”

我觉得他的话很有道理，跟这么优秀的同学同桌，我要多向他学习。第二天早上，他早早地来到了教室等待我的到来。当我坐下来时，他用最快的速度拿出了一本解决问题的书给我做，并且说道：“子康，从今天开始我正式对你进行辅导。”我又惊又喜。平时我看到“解决问题”这几个字心里都是崩溃的，但超儿说要亲自辅导我，实在是让我太高兴了，我突然间有了信心，心想我一定不能辜负了他，要跟着他好好学习，以他为榜样。

经过超儿耐心的帮助，我的成绩有了很大的提升，后来课上的问答也有正确的时候，也给小组挣回了加分，每每想到这些，我的心里都美滋滋的……

为榜样打call，向榜样学习，鼓足干劲自立自强，才能攀登学习的高峰！

保安叔叔

周晓彤

他个子高高的，剃着光头，眼睛炯炯有神，笑起来眯成了一条缝，倒过来看，特别像一个括号。你知道我说的是谁吗？告诉你吧，他就是我们学校的保安叔叔。虽然他其貌不扬，但是我特别尊敬他。想知道为什么吗？让我跟你讲讲他平凡的故事吧。

一个星期二的上午，我的美术工具掉在爸爸车上了。哎呀！没有工具我的美术课怎么上呀！想到这儿，我立刻跑到门房拿起公用电话就要给爸爸打电话。可是门房的电话打不通，好像坏了！正当我不知所措的时候，保安叔叔主动把他的手机借给了我。我高兴极了，电话打通了！“喂，爸爸你快来学校，美术工具忘车上了！”然后，我把手机还给了他，连声说：“谢谢您！”他说：“不用谢，应该的。”过一会儿，爸爸来了，我心里想着：这个保安叔叔真是一个善良的人啊！

有一次，我准备去吃早餐时，忽然一个高年级男生把我撞倒了。我又疼又生气，一时爬不起来。这时，保安叔叔看见了，连忙跑了过来，把我扶了起来，关切地问我：“小姑娘摔疼了没有？”我感激地说：“没有，谢谢叔叔。”“不用谢，这是我应该做的。”他说。然后他帮我拍掉了身上的灰尘，转身离开了。我看着他离去的背影，心里暖暖的。

保安叔叔就是这样，每天从我们早上上学到下午放学，就像我们的保护神一样保护我们每个人的安全。虽然他们做的事很普通，但是，他是我尊敬的人。

食堂的阿姨为我们准备饭菜，保安叔叔守候我们的安全，每一个平凡劳动者的付出都被我们看见，我们都应该对此心怀感恩之情！

“有钱”的老师！

胡子奥

这个“有钱”的老师就是给我们上心理健康课的彭老师。之前我们并不认识她，她是来参加心理健康课比赛的老师。她花了短短十分钟来认识我们，她十分大方，声音温柔而铿锵，就那10分钟，让我对她有了很大的好感。

星期四上课时，彭老师一开始放了首《We Will Rock You》。歌曲十分激昂，有的同学甚至开始跟着哼唱。“谁知道这首歌？”老师问。酷爱足球的凌野站起来，回答道：“这是1994年世界杯主题曲！”老师一听，笑着点了点头。许多同学随着歌曲拍打节奏，一下子精神十足，多么有意思的一个环节呀！

随后，老师给我们看了几个录像片段。录像讲述的是一位同学考试考了96分，很多人来赞美他，可是都没有注意方法。每看完一个片段，老师都会问：“看完这个录像，大家觉得赞美要注意什么？”随着老师一次次地提问，“真诚”“适当”“及时”这三个词陆续从大家口中蹦出。“没错，赞美别人要真诚，不带讽刺的语气；赞美别人要及时，还要适当，不要过于夸张。”老师一边指着黑板上我们说的三个词，一边大声总结。

说完了赞美的方法，老师便笑眯眯地说：“赞美可以改变人的一生，每个人都有可以赞美的人：老师、同学、社会上的积极人士、父母……那么大家都想赞美谁呢？请大家写下来吧！”老师语音未落，有的人已经提笔开写；有的人还在抓耳挠腮，努力地想；有的人正在拿纸拿笔。过了几分钟，还在抓耳挠腮的我实然想到了一个人——班长李睿喆，他是我想赞美的人，因为他每一次整队，口令都喊得十分响亮，每一次管纪律，对每人都十分公平公正。有了赞美对象，我一下子就写完了。写完后老师又让每组组长收小纸片，投进台上的心愿箱。接着，老师又抽取了几个人的小纸片念给大家听，如李金翼就赞美了她的爷爷奶奶——不论刮风下雨，每一次都会按时接送她上学放学；罗子骞赞美我们的王老师，因为王老师作业改得十分细致，每次都会给他力量；翟宸君赞美了同学彭紫妍，因为她十分大方，总是面带微笑地帮助同学。

彭老师就是这样一步步地引导我们如何更好地赞美别人！真是谢谢她！

第二天，彭老师又来了！她带了一盆红掌来到我们班上，“谢谢大家昨天课上的积极配合。”彭老师一边说一边还拿出一个小袋子，“这是我给每位同学准备的小礼物。”王老师一打开，我们吓了一跳，原来彭老师给我们送来了心理课上我们要用的三菱笔，多么用心的彭老师呀！要知道，这种笔听说还很贵呢！

再一次谢谢“有钱”的彭老师！认识您真高兴！

“有钱”的老师？

王琼（老师）

周五下午，我正在乱哄哄的教室里改作业，美丽温柔的彭老师突然走进了我们班级，昨天她参加武汉市心理健康课赛课，在我们班上了一节《赞美的魅力》，所以我们相识了。今天，她穿一身红色的连衣裙，真是又鲜艳又大气。她一再感谢我和娃儿们对她赛课的支持与帮助，这让我觉得彭老师愈发漂亮可人！她听完了周五的赛课要赶着回武昌了，她是来辞行的。彭老师匆匆地走了后，我对孩子们说：“来来来，同学们，彭老师把上课时为你们准备的笔送给你们了！”

“哇！三菱的笔吔！”孩子们一下觉得有了意外的收获，要知道一颗糖都能够使他们欣喜和期盼一天。

我之前还没注意是什么笔，打开一看，果真满满一袋三菱的笔！

我吩咐语文课代表分发下去，娃儿们欢喜得不得了，看的看，写的写，拆的拆……

一会儿，戴着眼镜的子奥拿着笔，一脸欢喜地对我说：“王老师，我现在才知道，原来老师这有钱啊！”

作为彭老师的同行，子奥天真的话语还真是让我有苦说不出……当然，孩子们的认知是有限的，我上一届毕业的学生就因为我有两三副眼镜换着戴，认为我很有钱很有钱，我解释我只是不穷而已，都没用……

我想了一会儿，对子奥说：“老师工资呢，养家糊口没问题，但也不能

说是很有钱哦！彭老师把这么好的笔送给我们全班每人一支到底说明什么呢？”

子奥愣住了，看我意味深长地看着他，有点茫然。

“其实呢……”

“王老师，您让我自己想想！”

……

过了一会儿，我把我和子奥的对话对班上公开说了一遍，我的眼睛看着子奥。

“子奥，老师在班上公开我们俩的对话，并没有任何批评你的意思哦！肯定有不少同学都有你这样的想法，现在你想好没，你能不能对着全班同学谈谈你现在对这件事的看法？”

“可以，我想好了！”他走上讲台。

“我思考了一下，我觉得彭老师送我们这么好的笔，第一是感谢我们课堂上的积极配合；第二彭老师虽然只给我们上了一节课，但是她很喜欢我们，愿意送我们礼物，她是一个很大方的人！”

“是呵，大不大方和有钱没钱没有关系！有钱的人也许会很吝啬，没多少钱的人也许会很大方！你能够自己领悟到这些，为你点赞！同学们，把掌声送给子奥！”

校园里每一天都上演着有意思的场景，如果老师能够及时捕捉到这些，就会成为极好的教育契机。老师可以适当给孩子们空间，其实他们自我教育的能力也很强！

为班主任王老师“画像”

潘越言

在我的记忆里有许多的老师，数学老师、英语老师、体育老师等，可是让我印象最深的还是我们的班主任王老师，今天借此机会就让我来为她“画像”吧！

王老师眉清目秀，精神十足，那一头已有了银丝的小卷发常常迎风舞动，那副银色边框的眼镜戴在王老师的鼻梁上，把王老师表现得就更加有文艺范儿。随和、勤劳、慈爱的她总是能在我们需要她的时候给予我们莫大的帮助与鼓励；严厉的她也会在第一时间帮我们指出错误，并教我们改正的方法。

王老师爱看书，也爱读书。那一次王老师又给我们推荐了一本名叫《中华上下五千年》的好书，并让我们每个星期发一次朗读作业，她会利用周末的时间来为我们点评。因为每次朗读作业，老师对我的评价都只是及格或良好，因此我对朗读作业没有抱太大希望，我并不怎么喜欢朗读，经常不认真朗读，嗓音也不像其他女孩子那样甜美动人。那一次，王老师发现我们都不怎么会读历史文章，专门花了 20 分钟做示范，给我们读了一篇。只见王老师左手拿书，右手随着语气，声调上下摆动着。自从我听了、看了、学了王老师那绘声绘色的朗读之后，我开始对朗读产生兴趣。每一次做朗读作业，我也学着王老师的样子努力地读好，而王老师也会在评价栏里写一些“很不错，要继续加油！”之类的话。看了这些话，我下定决心，要用加倍努力来感谢王老师对我的鼓励与帮助。

王老师还十分注重我们的行为举止，她常用《诗经》中《相鼠》那首诗中的诗句来教育我们——做人要懂礼貌，不然连只老鼠都不如；上操时她让我们挺胸抬头、站直；中午吃饭的时候，她不允许我们倒饭倒菜。

她虽然对我们十分严厉，但也有对我们十分温柔的时候，在我们写完作文后，她会把我们的问题和优秀的句子做成 PPT，上课时为我们讲解；有时在我们表现好的时候，她会为我们做美味可口的小甜点；在我们生病的时候，她还会在中午或课间叮嘱我们多喝水，记得喝药之类的话……

王老师，您对我们的严厉、慈爱、付出，我会记录在我的“画像”中！

“古怪”的杨老师

占凌野

“杨老师可真怪！”这是我对杨老师的评价。杨老师到底怎么怪呢？且让我用钢笔和文字给杨老师“画”一幅像。

杨老师戴着红边眼镜，有一头精练的短发，个子高高的，看上去分外严厉，比以前的老师要严厉许多，说起话来直截了当。一看就是一个经验丰富，教学多年的老师。

杨老师怪之训练奇怪

杨老师可真怪，天天死磕我们的计算。今天上课前老师让我们做了一张计算能力评估卷。做完了收上去后，我看到老师的脸，已经由白变红，由红变紫，最后由紫色变成了黑色。杨老师扫视了一遍全班，表情由晴变雨，批评道：“你们练了这么多口算，居然今天还是有人没做完，计算如果丢分，将极大地影响你们的数学成绩，回去都多练点计算！”于是，以后，杨老师就让我们每天做计算试卷。经过一段时间的魔鬼训练后，我们计算丢分的情况几乎没有了。杨老师还说了一句名言：“上帝给予人的智商都是平等的。没有练不出来的人，只有偷懒成绩才会不好。”原来在这“怪”的背后，杨老师是想让我们夯实基础呀！

现在想来，她对我爱好数学起了多么有益的影响！

杨老师怪之授课奇怪

杨老师讲课也怪。做完计算后，杨老师开始讲课了。首先，杨老师在黑板上画了两幅图，下面分别写了六分之三和二分之一。老师指着这两个分数，问大家：“你们看这两个分数相等吗？”“相等！”同学们响亮地回答着。“好。”杨老师说，“那我们今天学什么？”“通分！”同学们高声回答。杨老师突然刹住了话头，转身在黑板上写上标题“通分”。“五分之二和一百〇五分之九十通分是多少？”杨老师开始点答环节了，话音刚落，我的心就忐忑不安。真巧，杨老师点到了我。

我结结巴巴地一点也不自信地小声地说：“通分成一百〇五分之四十二和一百〇五分之九十。”“为什么呢？”杨老师耐心地问：“因为 105 和 5 的最小公倍数是？”我马上说：“是 105！”老师讲得津津有味，我们听得聚精会神。原来这“怪”的背后，杨老师是想让我们开拓思维啊！

她爱数学，并且爱用奇特的方法教我们学数学。

杨老师怪之作业奇怪

一上六年级我就做好了承受大作业量的准备，谁知开学第一天，教数学的杨老师就只留了五道解决问题的数学题。一个月过去了，作业量始终是这么点，我有些沉不住气，心里直翻腾：高年级的人哪个不是头悬梁锥刺股，能这么轻松？难道杨老师没有教过高年级？不像！杨老师讲课蛮有经验的，怪了！杨老师留的题也怪。乍一看几道题形式差不多，可是一分析起来就会发现，每道题都各有特点。有一次，我在做题时无意中发现有道题可以用两种方法解答，就顺手写下来。谁知第二天杨老师喜气洋洋地走进教室，举着几位同学的本子给全班看，表扬那些同学喜欢动脑筋。从此每当做数学题时，同学们就留意每一道题，思考有没有其他的解法，想办法找出最简洁的方法。班上也掀起了解题热。说来也怪，老师布置的作业题，十有八九都有两种以上的解法，真怪了。原来在“怪”的背后，杨老师是想让我们发散思维，开动脑筋啊。

杨老师是多么严厉多么负责多么教学有方啊。杨老师既平凡又伟大，我用纸和笔将杨老师永远画在我心里。

美丽的李老师

熊子樊

我特别喜欢我的英语老师李老师，我想给她“画像”，挂在我的记忆中，留在我的脑海里。

她是我见过的最朴素的老师：个子高高的，不胖也不瘦，从来不穿特别华丽的衣服，也不穿高跟鞋；她只扎马尾辫，戴着那副黑色边框的眼镜——虽然她从不装饰自己，但她依旧美丽，充满无限活力。

她是我见过性格最好的老师：时而宽容善良，时而温柔大方，时而风趣幽默；她爱我们，她从不打骂我们，且奖罚分明；当然她的英语也是流畅、标准的，可以与外教进行“无障碍”沟通。教学有方的她，带领我们走向了奇妙的英语世界。

她是我见过最认真的老师：每天都在 7：40 左右进班，那时班上只有六七个同学，有的时候甚至比班主任都要早；每天她都会在黑板上留言，课间有时间都会来班上一趟。她有一摞厚厚的花名册，专门用来记载我们的作业完成情况。

李老师觉得我和小苏同学的英语口语还不错，于是推荐我俩去参加了区里举办的单词比赛。赛前，她耐心辅导我们的发音和语法，并委任我为团队队长，每天督促我们复习备赛。

比赛那天，我既兴奋又紧张，兴奋是因为我们第一次代表学校参赛，紧张是因为要面对全校、全区的英语老师和英语优秀的同学。比赛开始，我们先做了一个自我介绍，介绍完后，我不禁回头寻找坐在观众席的李老师，李老师这时也看着我，给了我一个肯定的微笑。我们在抢答题环节大显身手，每当我们答对一题，李老师都会抿着嘴微笑，点点头表示认可；当主持人失误弄错组号时，她会及时地指出来，整个比赛，她用眼神和行动给了我们许多鼓励。比赛结束，你猜我们得第几？第一！我们昂首挺胸地走上领奖台，心中有种按捺不住的喜悦，这时我们看向李老师，她的目光坚定，闪烁着胜利的光芒……

我要给李老师“画像”，为这位美丽善良、认真负责、热爱学生的老师“画像”。

孙老师的“季节”

彭紫妍

冬去了，春来了。人们一生要与知识打交道，要与本领打交道，就得和不同的老师打交道。小学中的五年时光，给我留下深刻印象的是孙老师。今天，我要为他“画像”。印象中的孙老师是一个非常美丽的老师，有着一头短发，一张圆圆的娃娃脸。

孙老师好比春天，温暖。孙老师是一位艺术老师，她的言行举止使她更有艺术气质。她昂首挺胸，仪态端庄优雅，对我们和蔼可亲。在舞蹈团训练时，我们每天跳舞跳得大汗淋漓，她更多的是心疼而不是严厉。有一次她拎着一袋酸奶来到舞蹈室，同学们跳完舞后，她把酸奶发给每一位同学，说：“这是你们努力一个月的奖励，可花了不少钱呢！”眼中全是疼爱。当同学向她道谢时，她莞尔一笑，笑容温暖。

孙老师好比夏天，直爽、火辣。孙老师教我们舞蹈，对我们十分严厉。每当我们练基本功时，孙老师一手拿着小木棍，敲着把杆，口中数着节拍；每当我们练转身时，孙老师会叮嘱我们：“你们不要小瞧一个转身。一个转身做得精益求精，有力度时，才会使自己有进步。”当我们踢腿时，孙老师会对我们说：“踢要踢到 180 度！这是基本功。”因为孙老师的严厉，在舞台上我们从不敢偷懒，每天认真练习，挥洒汗水。

孙老师好比秋天，高雅、一丝不苟。进入舞蹈团也有四年了，印象中每到周五孙老师教我们跳舞时，她总会提前 20 分钟到，检查音响。有一次我为了早点换好舞蹈服，提前 15 分钟去舞蹈团，当我换好舞蹈服准备练基本功时，我看见孙老师拿着手机，我踮起脚，发现孙老师看的是舞蹈视频。微风下，孙老师听着音乐，在舞蹈室里翩翩起舞，一会儿转身，一会儿小跳，每个动作充满力量而又一丝不苟，她反复重复着绕圈、跳跃等动作，直到她每个动作都完美完成。

在这美丽的季节，我为孙老师画了一幅美丽的画像。

“好看”的宋老师

罗瑾轩

今天，我要给老师“画像”，画哪个老师呢？你可要知道我最喜欢的是美术呀！所以我要“画”我喜欢的美术老师——宋老师。

宋老师长着一头乌黑亮丽的直发，虽然年龄已经不小了，可是皮肤在灯光下还是水润润的。她的眼睛不大，但总是炯炯有神；她嗓音不那么圆润，但是说起话来清楚而洪亮。宋老师看上去比实际年龄年轻多了，其他的美术老师都叫她“师傅”，看来她一定是位经验丰富的“老”教师吧！

宋老师，她呀，长得好看，画画也很好呢！

有一天，上美术课的时候，宋老师说：“今天我们来画人的背面，这可是有难度的。”我当时还在想，不就是画人的背面吗？有什么难的，我一定能画好的。虽然我是这样想的，可画起来就完全不同，一下子人的头太大了，一下子头发又画错了，一下子人背面的衣服又画反了，总而言之，言而总之，我画不好，太难了！这时，宋老师实在看不下去了，就说：“人的背面不是这样画的。”说完就拿起粉笔画了起来。她寥寥几笔，一个人的脸就画好了；用手多挥了几下，一个人的头发就画好了。她再轻轻地涂了涂，一个人的衣服就画完了，一个男生的形象就出现在我的眼中！还是这个“老”教师厉害，这么快就画好了。我也学着老师的样子画了起来，可怎么画就是画不好。宋老师走了过来，拿起我的铅笔画了起来，没一会儿工夫，一个人背面的草图就画好了，我真佩服！

宋老师，不光画画画得好，手工也不差呢！

上美术校队的时候，宋老师走进教室说：“今天来做青铜器，它很好看……”说完就拿笔画了起来。她画了一个花瓶，把它分成了六段，说：“先要把它分段做，一点一点地做，不然做不成形。”说完她又找来一大箱黑色的彩泥在那做。她首先把泥中的气泡弄掉，不然做出来就会有个洞；然后一点一点地弄圆，做成一个碗的形状；接着又做了几个环形，一个粗，一个细，等待它们干后，又做了一些线条，连接在一起，做成花瓶；最后简单地做了一些装饰粘在上面，一个青铜器就做好了。怎么样，是不是很厉害！她在以前还做了好几个呢，有形状不同的花瓶，有长得像羊一样的酒瓶，有圆形的铜镜，灯光一照闪闪发亮，好像真能照出自己的样子呢。现在她能捏出泥人呢，头发、脸、头饰、衣服能捏得惟妙惟肖。人有站着的，坐着的，甚至还有躺着的，红的、白的、紫的、粉的，颜色多得让人眼花缭乱，这是要多久才能做出来的呀！

我为宋老师“画”的画像画好了，是不是很好看？我“画画”就是这么好，这都要谢谢我的“老”教师呀！

风趣的李老师

罗子骞

在我六年级的学习生涯中，信息技术课的李老师，令我印象最为深刻，因此，我要使用我手中的笔，用文字给李老师“画像”。

李老师留着短短的头发，一撮刘海搭在前额，每次上课时都是红光满面。他总是身着西装，脚穿皮鞋。他每时每刻都是抬头挺胸，所以显得特别有精气神。他每次上课都侃侃而谈，给人一种风趣幽默的特质；上课时中气十足，一发话，整个教室里都可以听到他那雄厚庄重的声音。

最近的一堂课，使我印象非常深刻。这次我们要学一个非常难使用的软件，也是我们的新朋友——“PC LOGO 小海龟”。这个可以制作图形、动画的软件，并不那么好操作，因此李老师在带领我们去认识它时，并不仅仅只是教我们使用方法那么简单。

刚刚开课时，老师使用一种神神秘秘的口气说：“今天，我们大家要为我们的小海龟做一栋小房子，我先给大家看一看吧！”只见这栋小房子，上面是一个小三角形，下面是一个小正方形，原来这就是小房子啊！可没等我想完，老师便一个“CS”键把房子清除了。“请大家现在想想，我是怎么做出来的呢？”老师发问了，但课堂上鸦雀无声。老师又说：“那现在看看我这样做对不对。”说罢，老师便一条边一条边地制作起来，场上所有同学都仔细盯着屏幕看。几分钟过去了，这时有同学说：“这样做虽说是对的，但耗时也太长了吧！”“没错，所以现在，老师请大家翻开书，来自学五分钟，并试一试。”老师发话了。

我迫不及待地翻开书，开始琢磨了起来。经过了四分钟的推敲，我终于知道该如何去制作这个小房子了，但结果却是四条线折来折去，就是弄不好。哎呀，为什么这座小房子这么难制作？我顿时有些丧气了。

这时，老师开始讲解了，原来是我把角度调错了。听了老师的讲解，我才恍然大悟，大家听了之后，也都找到了各自的问题。我们根据自己的情况进行了调整之后，一座座小房子都做好了！“现在，请大家做出一条连在一起的五座房子吧！”

下课时，我只做出了五个正方形，这时，我鼓起勇气向老师请教：“老师，我只做了五个正方形，还没做完。”“嘿，是吗？‘小海龟’可不想住五个正方形呢！”我俩相视而笑，像多年未见的老朋友一样。

在我眼里，李老师是一个十分随和，十分风趣，十分讲究的人！像这样的老师，我怎么不会把他“画”在我的心里呢？

“难”兄“难”弟

王琼（老师）

诣博和晋熙是一对好兄弟。

他们在学校的日子里，不管是小课间还是大课间，不管是上操还是站路队，只要一逮着机会就会聊个不停：篮球、游戏……这些男孩子感兴趣的话题他们似乎可以聊上一个世纪。

原先晋熙五年级转来的时候，他俩座位是一前一后，热情泛滥的诣博少不得照顾晋熙，一来二去地两人竟对上眼了。记得原来有个强力粘胶的品牌叫“哥俩好”，用在他俩身上再合适不过了，走到哪儿黏到哪儿。

兄弟俩好是好，但个性很是不一样。

诣博每天都在讲，课上讲课下讲，明着讲暗着也讲，跟他同过桌的女孩有时被他嚼得也烦不过，常常背着我偷偷拧他，但他并不会为此停下他的嘴巴。

为此我上课跟他瞪过眼，下课跟他发过脾气，但这小子从来不记仇，总是一副乐呵呵的模样，担任英语课代表也是不遗余力地为同学们

服务，当好老师的助手。

晋熙除了跟诣博讲，其他时间几乎不怎么讲话。我常常是课上耐着性子启发他，等待他发言，课下找他交心谈心，然而他总是一副荣辱不惊的姿态。

说来也怪，集体活动他却特别上心。国庆节前我们班分组来了一场毛泽东诗词诵读比赛。他不仅准备好小组的串词，为大家准备了清一色的蓝色文件夹，上场前，还为每位成员分发了润喉糖以确保诵读的最佳效果。于是那一场“比赛”，他们的表现震慑了全班。

所以，晋熙在班级里的人缘特别好，在男孩子里很有号召力。

那天课堂上，我正在带着全班一起回顾读过的课外书籍《童年》，梳理故事情节，分析人物形象，只看见诣博那一小组在哧哧地笑。我瞪了他们一眼，继续指着白板上的人物分析：阿廖沙……外祖父……小茨冈……格里高利……

只听见诣博那小组憋不住又笑了起来！

“来来来，你们笑啥，说出来我们大家都来乐一乐！”

“诣博……在……念这些人名……”同桌怯怯地回答。

“念人名有啥乐的呢？！”我实在不知道他们的笑点在哪里，颇有些愠怒。

“……他念得阴阳怪气……”前排的同学忍

不住又笑了起来。

原来是这些外国文学中的人名给了他发挥的机会。

念个外国人名不是蛮大的事儿，但就是不想放过他……

“这样吧，你这么爱搞笑，给个机会你玩高级一点，明早8点至8点05分，给你5分钟时间讲一场脱口秀吧！”

只见诣博刚才还熠熠发光的小眼睛瞬间凝滞了，全班欢笑着鼓掌，连他的好兄弟晋熙也拍着手掌，一副“黄鹤楼上看翻船”的模样！

“对了，只有 5 分钟啊！明天的晨会你讲完了，就该轮上……晋熙上《大学》第五章了！唉，晋熙，你的PPT做了没啊？”晋熙的主讲机会是我一开学就硬塞给他的。

瞬间晋熙的笑容也凝固了。“我还没做……”

“那你放学直接去我办公室做！”

放学，站路队时，男孩子围着诣博出些歪主意。一阵又一阵的嘘声传来，仿佛他们已经迫不及待等着看明天的“好戏”！诣博却有些木然，神情有些游离的样子。

“王老师，我还是写反思吧，我保证再也再也不讲小话了！”诣博几乎是在哀求。

“哎呀，没什么，就是讲几个笑话嘛，同学们每天学得这么辛苦，难得开心一下！回家好好准备一下,我跟你提供了这好的机会,你要好好表现！”我心里在得意地笑。

走进办公室，晋熙已经坐在我的办公桌上，PPT 的页面已经找好了，《大学》第五章的原文也已经一个字一个字“敲”得差不多了。

“哎哟！不错哟！嗯……这一章讲的是如何做一个‘君子’，不如我们围绕‘君子’设计几个问题吧！你回去再搜集一下资料，自己整理一下。”

“嗯，正好今晚爸爸要带我去听一场《论语》的讲座，肯定会有一些收获。”

“太棒了！”

周五一早，诣博已经站在讲台上，白板上晋熙的PPT也已经打开。

“王老师，我可以开始了么？”诣博似乎差点儿底气。我给了他一个笑脸，他马上把腰板挺了挺。晋熙也憋住笑脸，只等诣博“开讲”，同时他还要沉住气，不要影响了自己“开讲”。

“有钱的捧个钱场，没钱的回家取钱捧个钱场！”

“哈哈哈…”

诣博一开口全班就乐开了。

“小明看完相声表演后，回家就把奶奶的所有包袱一个劲儿地抖，奶奶说，我的小祖宗，你这是干吗呢？小明说，相声大师说了抖包袱会让人捧腹大笑，奶奶您怎么不笑呢？”

……

几个段子说下来，再配合他丰富的表情，孩子们笑得格外“放肆”。

表演结束，他看看同学们被逗乐的场面，看看我满意的眼神，长吁一口气回座位了。

给了孩子们几秒钟时间收拾心情和状态，然后晋熙登场了。古香古色的PPT页面打开，他极稳重地开讲了，孩子们马上正襟危坐！

“谁来把原文读一读……”

“诗云：‘瞻彼淇奥，绿竹猗猗。有匪君子，如切如磋，如琢如磨……’”

“接下来谁对照译文谈谈自己的理解？”

晋熙有条不紊地按照流程讲了下来，随即提出了几个思考问题。

“那你认为什么样的人是君子？历史上有哪些人称得上君子？你又怎么做一个君子呢？”

孩子交流了自己的想法后，该他总结了。

“我认为孔子就是一个君子。《论语》中有这么两句；子曰：‘参乎！吾道一以贯之。’子曰：‘弗如也，吾与女弗如也。’在我看来，孔子能用知识丰富自己，在悲惨的童年中也能成长，到老仍自我修炼，即使在学生面前也勇于承认自己的不足，对待知识极为严谨，所以他就是君子！”

哈哈，看样子这小子昨天的《论语》讲座没白听。

在座的同学们听得似懂非懂，但这高深奥妙的语言似乎让他们对晋熙更是钦佩了。

自那以后……

诣博上课的小话没有少讲，有一回惹恼了我，还是被“难”——写了份反思。

晋熙上课的发言没有更多，还因为小组发言最少被“难”——抄了篇课文。

自那以后……

诣博除了管不住自己讲小话以外，还会贡献精彩的发言。

晋熙这个“坐家”虽然自己不举手，但可以组织生动的小组汇报！

自那以后，相信我们还会彼此为难，但也会彼此受益。

我爱我班

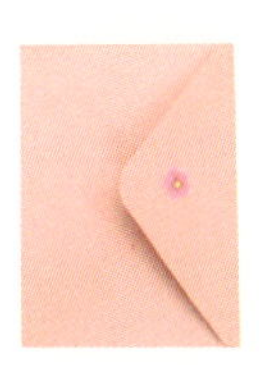

“小鬼”当家

听老师的话

鲁岱祎

这一个星期，我们的班主任——王老师不在班上，不在学校，不在她的家中。因为她出差，学习去了！我觉得在王老师出差时我们要好好地表现，不要让王老师失望。

今天在英语课上，老师还没有来的时候，英语课代表——王诣博走上前，在老师的讲台前方，带领着我们十分整齐地读着 U4（第四单元）的单词，“bandage，绷带。”“bandage，绷带。”我们跟着王诣博读，突然我耳边又一次响起了一个读单词的声音，“beach（海滩）。”咦？是谁？我左右看了一看，噢！原来是我的同桌——宇明。我看了看他，他看了看我，我们都没有说话。“pad，铺垫。”“put away，把……收起来。”我们继续读着。读完了，诣博回到了自己的座位上，坐在他前方的胡彦熙告起了状：“岱祎与宇明一直在读‘beach’，没有跟你读。”我一听，不开心了，我又没犯错，错还算到我头上来了。“我没有，是宇明读的，我没有。”我反驳道。过了一会儿“口水战”就开始了，后来诣博又说了一句话，我就再没有反驳了，那一句话便是“有则改之，无则加勉”。因为那是一句王老师经常对我们说的话，意思是“有错就改，没错就做得更好”。我一听，想想也是，王老师平时对我十分温柔，十分耐心。所以我一定不可以让王老师失望，我一定要在英语课上表现好一些！这事儿我也是有错的，可能是因为我读单词声音太小了，所以他们听错了。以后我在读单词时，要读大些声，这样的话大家就不会误解我了。

王老师不在家，但王老师的话我听进去了，我想王老师回来后会很开心，会很欣慰的吧！

服从班干部的管理，遵守纪律是每一个同学的职责。岱祎小朋友一直为人谦和，老师不在“家”的日子里，做好自己，将老师的教导铭记在心间，是个“尚美优雅”的孩子！

研学风波

刘渡弋

“明天的研学会不会因为王老师出差而取消了？”“不知道啊！”“不会的吧？”“不会的，14 级肯定都去。”“太好了！”王老师不在的这几天里，我们虽十分听话，但内心的躁动依旧压抑不住。星期三是我们最期盼的一天。没错，今天有一次研学活动，地点则是令无数人羡慕的“国立武汉大学”。在焦急地等待后，我们终于迎来了这一天。

我们先参观了武汉大学，接着做了有趣的相框一起合影留念，只是我觉得王老师不能陪伴我们实在有些可惜。

当我们一起享受聚餐时，坐在椅子上的我们看见二班正一群人围在一起，在研学老师的指导下玩游戏呢！只见一支毛笔上缠绕了四五根绳子，大家必须拉着绳子在不动毛笔的情况下写字，这真是考验团队协作的精神和能力啊！只见他们在组长积极地指挥下默契地玩游戏，天气虽不热，但他们却玩得热火朝天、背心湿透。游戏难度很大，每写一笔都很艰难。几个小组的竞争也如火如荼。

这时候，我们在一旁偷笑：“告诉你，我们可以一群人挡住别人，偷偷拿毛笔趁人不备赶紧写完，完全不用那么困难。”“嗯嗯，对呀！”“我们也这样……”漫长的时间过去了，终于轮到我们开始玩了，指导老师要求几个人写出“武汉大学”四个字，一开始我们还兴致勃勃……

“唉！你怎么把水弄泼了，我们还要等多久？浪费时间。”“我又不是故

國立武漢大學

意的！”组员之间相互斥责。由于不配合，两分钟的努力只是在纸上涂满了墨。等墨干了，我们几个人又拉着绳子去写字，但毛笔却十分“倔强”，一直不听使唤，无法书写。15 分钟、20 分钟……当我们几人动作缓慢，歪歪斜斜地写出一个“武”字，再去写其他字时，“武”又因时间太久，干透了，消失了……

趁王老师不在这里，我们也动起了歪心思，我们用眼神交流，互相都露出了狡诈的笑容。我们这组其中几个人遮挡住别人的视线，再由组长执笔快速地写出四个字，可没想到被其他人看到了，又前“功”尽弃。由于“智取”不了，我们又“派”人去“侦察”并骚扰其他组。小组之间时不时因此而扯皮，甚至演变成动手动脚。于是本来好好的游戏却变成了钩心斗角，抢着机会作弊，到最后谁也不承认谁是真正的第一。随行的老师也发现了我们

的小心思，立即叫停我们的行为并教导我们，可我们依旧在相互指责。我想，如果王老师在的话，肯定会耐心教我们方法，教导我们不要想方设法地做第一名，而是去享受游戏的过程。

此时大家都心情不好而玩不下去了，全班都去坐着休息了。也许这是这次完美研学的唯一败笔吧！

回程的途中，我想：这次王老师不在身边的研学，让我们认识到不要为了胜利而去投机取巧，也算是一次有意义的研学吧！

任何游戏或竞赛一旦失去规则，便会陷入无聊的争斗、相互的指责、无意义的抱怨之中，希望1401班的孩子们加强规则意识，增强团结精神！渡弋小朋友小小年纪善于反思总结，点个赞！

老师不在“家”

罗子骞

“老师要出差一周，你们一定要管理好自己！”王老师站在讲台上严肃地说，“班干部们也要替王老师管理好这个班级。”听到这句话时，我的心中一下子便充满了责任感，我可不能辜负了老师的信任与期望！

王老师不在家的第一天，也是我第一次身为中队委，要把晨读管理的担子全搭在自己身上的日子。我心中不免有些焦虑，但我依然让自己保持淡定，在脑海中规划着今早的管理计划，并且为自己鼓气：我既身为中队委，就应当尽好自己责任，要临危不惧，才可以不辜负王老师的嘱托！

临近 7 时 40 分，我走进了教室，我心里清楚，我的任务要开始了。过了一会儿，我喊了一声：“请同学们安静下来，先交作业！”大家听到后，纷纷开始交作业，我看了看，甚是满意，可没一会儿，就有人讲小话，原本安静的教室俨然变成了一个菜市场。但我并不慌张，决定依旧按照原计划进行，我在心中不停默念“佛系三声”：“我行，我可以，相信自己！”为自己打过 call 后，我又说：“请大家安静下来，跟着我一起读‘约法三章’！”这次有许多人回答我“好”，我心中又重燃斗志。可忽然又传来了一阵不和谐的音符：“要你管？下来吧……”我顿时十分恼怒，斗志变为了一丝怒火，我生气地对他们进行了批评教育：“你们忘了王老师临走时对我们的嘱托吗？你们是要等着老师回来收拾吗？”同学们立刻被我震住了，全班一片寂静，连按动笔盖的声音都听得一清二楚。我的心情也慢慢平复下来，我心中又想，我不可以如此激动，冲动是魔鬼，我就算这样管理好了他们，也并没有完美地完成老师的任务，依然辜负了老师的期望！

我平复好了心情，带领大家继续朗读老师临走时制定的“约法三章”，同学们也懂得了换位思考，十分配合我。读完后我让大家写作业，减轻课后压力与负担。后面的四天里相对轻松，每个人都配合我完成了早自习，所以我十分感谢与我一同管理的传锦，配合我的子奥，以及与我共进退的超儿和彦熙，在王老师不在“家”时也能如此自律，帮我完成了任务。

这周虽然过得有些累，但我一想到王老师不在“家”时，我也可以帮杨老师管理好班级，我的疲劳感便一扫而空了！

要为老师出差学习的日子里，这些尽职尽责的小干部打 call！除了以身作则，还有不怕辛劳！能力越大，责任越大！从小锻炼出肯担当肯吃亏肯尽力的品质，将来才能胜任生活、工作中的职责！

少了点什么

彭紫妍

班主任王老师这一周不在“家”，时光照样匆匆流逝，叶子照样翩翩掉落，大雁照样纷纷南飞，可总觉得少了点什么。

我走进班级，看到同学们跟着朗读员子骞读课文，却没有了王老师的身影，不禁回想起王老师每天早上都会提前来到班级，跟同学们一起沉浸在《大学·中庸》的讲堂里，一起学习，一起探究，一起背诵的情景；不禁回想起王老师清早教同学们写作文、品范文、改作文的时光；不禁回想起王老师给同学们一对一批改作业，指出错误的场景；不禁回想起王老师在班上教同学们如何批注课文的样子……王老师不在，失落与沮丧涌上心头。这一周——少了王老师的身影。

中午吃饭，我不禁回忆起王老师每天 12：15 总会抱着一小堆本子，怒气冲冲地走入班级。每当这时，我都会紧张万分：千万不要有我的本子，这……这一堆本子，肯定是不合格的，不……不要重写呀！王老师迅速拿起本子念起了名字：“映天、诣博……”看到老师把最后一个本子的“主人”叫起来后，“呼——”我才深深地吁了一口气，如释重负。当然，每一个学生，都希望自己的作业是优秀的，我也不例外，当老师念优秀作业的时候，我心里就盼着、盼着一定要念我的作业。当老师真的念到我的名字时，我心里如开了花、吃了蜜一般，一瞬间，觉得所有努力与辛苦都是值得的。这一周——少了对作业的忐忑不安和渴望得到表扬的期待。

周五放学，不禁回忆起，王老师在的早晨，总是叮咛我们上操一定要精气神十足，做操要一丝不苟，手臂要伸直，弯腰转身要做到位，决不能马马虎虎；中午，王老师总是叮咛我们，要好好吃中饭，要抓紧时间完成早上数学的小课作业，午睡一定要睡好，这样才有充足的精力去完成下午的学习；下午，王老师总是叮咛我们一定要安排好时间，才能晚上早一点完成作业，早一点入睡，有时还会叮咛一些学习成绩好、有能力管理好自己时间的同学在走廊里活动休息一下，适当地放松和劳逸结合；放学时，王老师总会安排好同学打扫卫生，整理教室，还会让同学们在放学的路上反复背诵《大学 · 中庸》，让同学们变得更加有“内涵”。这一周——少了王老师的叮嘱。

王老师不在“家”，可王老师的叮嘱回响在耳边，王老师的爱回荡在心间。王老师，仿佛一直在我们身边。

点点滴滴的细节，丝丝缕缕的回忆，看似浅浅却又浓浓。一个学生能够如此细致地“看见”老师的一言一行，感念其间的关爱与期待，怎能不让老师感动！做个有心的孩子，便能对人对事有如此这般的体察和感悟！

快乐魔方

《诗经》小讲堂

苏欣悦

“羔裘如濡，洵直且侯。”你听，我们的教室里，传来了一阵朗朗的读书声。这个月，我们班掀起了一阵学《诗经》的热潮。有好多同学都登上了《诗经》的小讲堂，我也报名参加了，我讲的是《羔裘》。

为了更好地诠释诗经之美，在学校里，我抱着《诗经》苦读《羔裘》，只为了一句：“来，同学们，拿出学习单，我们一起读。”在家里，我敲着键盘用心制作 PPT 和成绩单，只为一句：“看大屏，《羔裘》是《郑风》中的一首诗。”我做了十足准备。

今天我早早地到了学校，拿出我的 U 盘，将课件拷入电脑。我的手有些颤抖，我的心也在怦怦跳：要是等会儿我忘词了怎么办，要是没人举手而冷场怎么办？这时，只听到王老师一声令下：“今天由欣悦为大家讲诗，欢迎！”热烈的掌声，如一双温暖的大手，将我心中的起伏抚平了。

“今天，我们来学习《诗经》中的《国风·郑风·羔裘》。大家根据 PPT 上的诗文来朗诵一遍。”“羔裘——”读书声响了起来，我和“助手”玺商量着下一步是讲创作背景，还是直接讲诗文。我们还未商量完，大家已经读完了，我和玺对了个眼神，就决定了讲背景。我们请言来读创作背景，言不会读“汾沮洳”，我先告诉她读音，再告诉大家这是《郑风》中的一首诗。

接着我讲了第一节，首先大家齐读第一节，又请了昊洋来解释诗意。大家顿悟了，什么叫“濡”和“洵”，我把赞赏的目光投向了昊洋，还给他发

了一枚美雅章。讲第二节时，我紧张的心情逐渐平复，同学们的大声朗读让我更加自信。瞧，台下的亦妍和言为我加油呢！她们朝我微笑着，做着“加油”的口型。这回我们请了我的同桌渡弋来解释诗意，他条理清晰，内容正确，赢得了同学们的掌声。可是第三节就不怎么顺利了，我讲完诗以后问大家懂了没有，全班就只有“捣蛋鬼”智耀摇摇头说不懂，不知道他是有意的还是无意的，反正把我的阵脚搞乱了。

接着我来品析这首诗。可是由于感冒还没好，我的嗓子突然说不了话了，只发出了“咕噜”的声音。于是我给了玺一个眼神，低声细语一番，她就从容地接过我的讲稿，开始品析起来。

一首小小的诗终于讲完了，我松了一口气。老师向我投来赞许的目光，我轻松地笑了。

“羔裘豹饰，孔武有力。彼其之子，邦之司直。”琅琅读书声在校园中回响。中国传统文化正在发扬光大，在全班，在全校，在全世界。

班主任有话说

在这个四月的《诗经》主题月里，我们学《诗经》、讲《诗经》、背《诗经》。当每个晨间的阳光照耀着讲台上的身影，你就知道那也是诗词的古韵照拂着我们的心灵。

“甜蜜”的巧克力

杨 超

我们一班真是了不起，每次公开课都选我们班！这不，学校的张校长在我们班上了一节市级公开课，是不是很“六”啊！哈哈哈……

这节课，不仅场面隆重，而且我们上课没有“菜市场”现象，也没有“电影院”症状，做实验时也各尽其责，活而不乱，回答问题很积极，老师一个问题下令，“唰唰唰”一排小手举了起来。王老师把我们的好表现都看在眼里，课后自然就有“福利”了。

发“福利”了！上完公开课后，回到教室里，同学们端坐着，怀着又开心又紧张的心情等待着。王老师来了，带了一大盒巧克力。“哇！”教室里一阵大叫，一共三十多块巧克力，可只有十几块可以进入我们口中，大家的心都“怦怦”跳，到底谁可以得到“福利”呢！

首先，是表现突出的睿喆、沛玉……这些同学回答问题非常积极。公开课上老师提的问题十分少，全班四十九人简直是在抢问题。抢到问题的人自然很厉害，应该发“福利”！然后，是“总监”们，每个小组六个人，“总监”在容易躁动的时候既要管住自己的组员，又不能被组员左右，需要组织能力，发一个“福利”，就算是十字勋章吧。

还没有巧克力的人叹了口气，没叹气的，从他们失望的表情里也能看出他们一定很灰心。不怕，还有最后一个办法，王老师说：“‘总监’们觉得哪个组员表现好，给那个组员也发一块巧克力。”嗯，那些灰心的同学都有了希望，齐刷刷地向“总监”们望去。但这对“总监”们来说是个艰难的决定。我凭人缘选了北辰，准备和好朋友一起分享“甜蜜”。老师似乎有了读心术一般，她看了组长们一眼说：“‘总监’们不要看人缘哦，要做到公平公正，要看组员在这一节课上的实际表现。”啊？！“总监”们又皱起了眉头。我想了想，选凌野吧！他这节课表现不错，对小组奉献也挺多的。好！决定好了，我领了一块巧克力给凌野。凌野有些意外地接过了巧克力，对我笑了笑。其他同学嘛——王老师从来没亏待过我们，每人获得一个美雅章。

如果你在路上看见一群穿着红领巾学校校服的学生，好奇他们脸上为什么有那么甜蜜笑容，我告诉你，那是因为我们嘴里含着甜蜜的巧克力。

这是一块巧克力，这又不仅仅是一块巧克力。从小学会公平公正地待人待事，长大才能公平公正地做人做事。超儿能够听明白老师的话并且落实到行动中——“孺子可教也”。

共享便当

石晋熙

我们在温暖的春季，迎来了一年一度的研学之旅。这次王老师建议我们为了健康，自己动手做便当。于是大家万分期待的就是中午各自的食品，一心只想着餐桌上那令人心驰神往的时刻。因此，每个人都做好了精心的准备。

这次研学之旅，我们体验了妙趣横生的制造“橡皮筋飞机”的全过程，观赏了“空中宝马”的威武雄风，更领悟了阻力伞的奇妙科学原理。当然更精彩的还在后头。

大家都抱起了鼓鼓的书包，满桌都是美食，我这个贪吃鬼，一开始就毅然朝其他人的桌前奔去。

海洋带来了一个用竹条编成的盒子。一打开，焦黄酥脆的煎饼冒着阵阵葱花香，它们叠在一起，好似要排着队送到我的嘴里品尝。一想到这儿我就脸泛红光，海洋看我这样，微笑着拍着胸脯对我说：“怎么样，好吃吧！”我嘴里不停咀嚼，根本不理他，就点了几下头，这一大盒煎饼可真不

错。“最佳口味奖”，非它莫属！

诣博的餐盒更吸引我，那可爱的寿司三明治吸引了我的眼球——紫黑色的海苔裹着软糯的米饭，蔬菜点缀其间，尝一下清爽可口。海洋闻香赶来，与我共同品尝诣博妈妈的好手艺。诣博这时发话了：“你们俩就知道吃我的，一点都不仗义。”我们为了安慰他便吟诗一首：“此味只应天上有，人间难得几回闻啊！”“最佳准备奖”属他是也。

凌野非常“重口味”，他的食品也跟他一样“重口味”。一盒子辣干子撒上一层厚厚的辣油与芝麻，吃下去辣味直通鼻腔！我们纷纷前去挑战这人间“极品”，套上手套后，你抓一把我抓一把，通过不懈努力，终于把这一盒吃完。我们嘴上仿佛涂了口红一般，辣得直哈气。没过一会儿，凌野又倒出一袋辣花生米，虽然香脆美味，可我们还是辣得受不了，问他：“你是四川人吗？吃这么多辣东西，嘴里不长泡吗？”他摇摇头说：“我就是这么强大！”惹得我们哄堂大笑。看到我们辣得上蹿下跳，他又给了我们每个人一块大理石面包和巧克力面包，面包外酥里甜，巧克力豆一颗颗地嵌在表皮上，味道真好！“苦中作乐”“苦中渗甜”，要知道甜味才是最能打动我们的口感啊！

自制的便当，分享的美食，味觉的挑战。这次研学活动中，小朋友不就是最期待这场集体的舌尖上的狂欢么！研学活动中的“橡皮筋飞机”令人赞叹，阻力伞有趣且不乏学问。但最让人回味流连的是共享同伴的便当！

饭桌打气

冯海洋

“打饭了打饭了！”中午吃饭时间到了，大家都打好饭，围着饭桌边吃边聊。

“嘿，这次篮球比赛你们啦啦队加油很激烈呀！还一直喊‘啊哩噜呀’，帮我们干扰掉了好几个对手的进球，挺厉害的！”传锦说。

“那是当然的，‘啊哩噜呀’可是我们干扰投球的神器哦！”乐淇自豪地说，“但是，我们这样卖力地加油，你们还是惨败于三班！”她有些生气，又有些遗憾。

“你不懂的，三班的‘小黑’和‘苦力帕’太猛了，太强大，太可怕了！他俩个子又高又壮，带起球来像闪电侠，谁也拦不住。他俩防守时像一堵坚固的城墙，怎么攻也攻不破。他们投球又准，像投球机器一样，球球必进！”睿喆愁眉苦脸地说。

突然间，一个人站了起来，把饭桌一拍，大怒道：“怎么能这样说？这不是长他人志气，灭自己威风吗？三班虽然猛，但我们班也打得很猛呀！大家都很拼，我们虽然这次输了，但胜败乃兵家常事，并不意味着下次也会输，下次我们一定要加油！”大家一看，原来是篮球队主力智耀。只见他神情严肃，十分认真。他这话一说，大家也都严肃起来。

“我倒是觉得我们班进步非常大。”宸君慢条斯理地说，“上次我们班和四班比赛，比分是 0 比 22，这次和三班比赛，比分是 4 比 16，实现了零的

1401
加油!

BRAVE

突破，应该庆贺才对。”

“篮球迷”诣博推了推眼镜，一副很有学问的样子说：“过去的就让它过去吧，不要再纠结过去的两场比赛了，重要的是怎么打好下一场比赛。”

“韦德”晋熙一直在我身边若有所思默默不语，这时他站起来发言：“战术应该这样调：传锦负责内线防守，海洋负责抢篮板，宸君和我投篮，其他人传球，助攻，大家一起加油。”

“讲得对，大家一起加油，下次一定要赢！”大家一个个都激情万丈地说。

“叮叮叮”，午餐时间结束了，大家收拾好各自的饭桌，一场热烈的篮球讨论会也随之结束了。

我们 1401 班屡战屡败、屡败屡战，输球咱不丢人，篮球小将们享受这拼搏、团结的过程才最重要！加油哦，明年的联赛……

我是“故事大王”

桂奕畅

三月我们班的悦读主题书目是——《中华上下五千年》。这个星期我们班又卷起了一股新热潮，那就是评选我们班的“历史故事大王”。每位同学都开始磨炼自己的嘴巴了，就等王老师发布语言作业，让我们开始读历史故事。对这次“故事大王”的称号，我可是稳操胜券。

终于，王老师在“校信”上布置了第一次语音作业。同学们欢呼雀跃，准备展示自己的“读功”。我也很兴奋，一回家我就拿起手机，准备读《商鞅立木》。该篇讲述了有一位来自卫国名叫卫鞅的人投奔了秦王。秦王很重用他，他积极推进变法，使秦王朝成为富裕强大的国家，最后被秦王赐名字——商鞅……我读得断断续续，结结巴巴的，但还是坚持读完了。结果

最后老师给我评定了一个“良好”。我想是我读得太结巴了，我心里暗想：“下次一定要读好。”

过了一周，王老师又发布了第二次语音作业。总结上一次的经验，我没有一回家就开始读，而是先把字音读准，不会的字先查字典，接着阅览全文，多读几遍熟悉全文，最后才开始录。我按照自己的方法，拿起妈妈的手机自信满满地开始录音了。这一次我读的是《永乐大典》中爱干大事的朱棣的故事。读得流畅，字音标准，上传语音后，我迫切地等待着王老师的评价。我想这次应该可以得到“优秀”了。可是希望落空了，又是一个“良好”！我带着失落的心情再次找原因，却怎么也没找出来。正好第二天下午第一节课王老师跟我们讲述了读故事的要点——要带感情，声音要洪亮。这下我知道我的问题出在哪儿了。

又过了一周，王老师发布了第三次语音作业。同学们依旧很激动，我一言不发，可我心里比他们高兴一百倍，因为我已经知道了我的问题，这次我一定能一举成功。回到家，我按上次的方法做了一遍，还特别挑选了我最喜欢而且很激昂的故事，也是明朝的故事，名叫《于谦保卫北京城》。我读得行云流水，感情充沛。读完后，我心想：“功夫不负有心人，如果这一次我还不得‘优秀’，那真是天理不容。”终于老师给我评定了第一个“优秀”，我高兴得一蹦三尺高。

这一次的“故事大王”称号争夺赛让我体会到，做任何事都必须要有方法，要有认真和想把事情做好的态度和决心。这次的“故事大王”一定是我了！

小作者在三月主题悦读中不仅通过阅读《上下五千年》收获了历史知识，还在“故事大王”的竞读活动中收获了“做任何事都必须要有方法，要有认真和想把事情做好的态度和决心”的感悟。认真的孩子真优秀！

毛主席长征诗词大会

苏欣悦

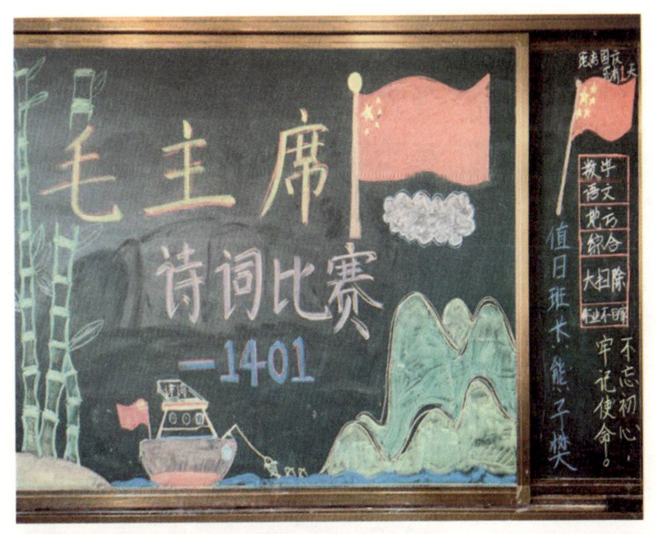

国庆节来临之际，我们班举行了“毛主席长征诗词大会”活动。在这个大会上，我们要以小组为单位，分别展示自己小组排演的节目。

我们的小组是一个很“完整”的小组，每个人都有自己的职责。我负责找音乐。音乐上，我选择了慷慨激昂的《红旗颂》，这是一首歌颂五星红旗的歌。同时，紫妍把幻灯片准备得完美极了。本来我们以为小陈的串词也写好了，可她关键时刻掉链子，没有写！我们组的串词最终还是乐淇临时写的。

下午，我们坐在位子上等待王老师的到来。王老师来了以后，给我们发了一面小红旗和一张国旗的贴纸。瞬间，教室变成了红色的海洋。我们挥舞着小旗，大声地歌唱着《我和我的祖国》，“我和我的祖国，一刻也不能分割……”悠扬的旋律飘进了我们的心里。

第一组上场的是渡弋那组。那一组拿着统一购买的红夹子，雄赳赳气昂昂地上了台，给人一种气势上的压倒。渡弋开口了：“今天，我们要为大家带来长征诗词朗诵。首先，请晋熙为大家带来《沁园春 · 雪》。”我们竖起耳朵，因为晋熙一向声音很小很小。“《沁园春·雪》，作者毛泽东。”我们全班同学张大了嘴巴，因为舞台上的他气势超过了渡弋！王老师满意极了，为石晋熙拍下了很多很多照片。同样，彦熙的朗读动人极了，令人仿佛穿越回了 1935 年。

第二组是我们，我们默默地走上台，站好站位。小陈自信地开始朗诵

了："今天我们六位要带来诗词朗诵。"紫妍接了下去："《清平乐·会昌》。"她一开口，我们全班都感受到了她的恢宏气势。后来的诗文，她读得抑扬顿挫。喻玺朗诵的是《十六字令·三首》，她的精彩朗诵带我们看见了山的巍峨高大。李乐淇的《忆秦娥·娄山关》，让我们在她铿锵有力的诵读声中走进了毛泽东的思想世界。接下来，轮到我了，我有些紧张。我清了清嗓子，在心中默念："欣悦，你可以的！"小陈的串词说完了，我开了口："《清平乐·六盘山》。"读完题目，我的自信就像手机的电充满了一样，多了起来。我大声地朗读着："天高云淡，望断南飞雁……"胡子奥被我带动了，也和我一起大声地朗读着。后来，全班一起读了起来，我一个人的独诵成了大齐诵！我感激地看着子奥，谢谢他的支持！

后来，全班还一起诵读了《长征》。我们徜徉在毛主席的诗词世界里，懂得了中国革命先辈们的长征精神！

隽永的旋律——《美哉！诗经》

演出前分工

冯海洋

这学期，王老师被评上了江汉区首届“诵读名师”，我们都非常高兴！王老师告诉我们，为了展示我们班的诵读水平和能力，我们班将在区里展现诵读风貌，为此她给我们排了《美哉！诗经》的诵读节目。

为了把这个节目排好，王老师把空余的时间和精力全部放在了排练上，王老师还邀请了孙老师来编动作。

老师把我们一共分成六个组，分别是《关雎》组、《无衣》组、《桃夭》组、《淇澳》组，以及前面做动作的竹筒组和后排的朗诵组。我是诗经《关雎》的主讲人，自然而然地被分到了《关雎》组。王老师和孙老师的分工也十分明确，王老师指导朗诵，孙老师指导动作。

“河畔滩头，关关雎鸠的鸣唱声里，我们听见了窈窕淑女，君子好逑的感情箴言”，“……关关雎鸠，在河之洲……”“来来来，停停停！”王老师皱着眉头，摇着头说，“为什么要在我说完后等一下再背？记住要在我一说完马上就背！”

“桃之夭夭，灼灼其华……”“停，表演《桃夭》的同学，动作不要僵硬！”孙老师说。

刻苦的练习

张宇明

为了更好地在舞台上表演，我们在舞台下刻苦练习。首先练入场，我拿着小凳子，走进舞台，放下凳子，踩了上去，其他演员也陆续上场了，我把背挺得笔直笔直的，王老师开始了朗诵。

“……出征将士的怒吼。”我们的气口接对了，但每个人都读得软绵绵的，

“岂曰无衣？与子同袍……”王老师开始喊话：“将士的怒吼应是有力的，把声音放出来。”我们反反复复地背诵，合着动作，着力突出《诗经》的美感。诵读中，我们仿佛回到了战士出征的时候，体会到了战友之间的情谊。

“……这就是诗经！”“桃之夭夭，灼灼其华……”我们读得很流畅，但王老师又说：“桃夭是描写美好家庭的诗，应读得更美好。”我改善了一下朗读方法，使诗句变得轻快了许多，美好的感觉油然而生。三个女生为一组，二组合体，跳起了轻快的舞蹈，使气氛活跃了许多。

“不变的是这人性之美……”“瞻彼淇奥，绿竹猗猗……”我们已经有深厚的朗读功底，非常了解，这首诗是赞美君子的，所以要读出君子的韵味，才能使朗读打动人心。

在这日复一日的练习当中，我们提高了水平，有了良好的基础，台上一分钟，台下十年功，我们开始自信满满地期待演出的那一天。

试穿演出服

潘越言

表演的前一天，我们的表演服到货了，王老师按照衣服的大小尺码为我们发下了衣服。衣服拿到手之后，王老师一是怕几个长得胖的同学穿不上去，二是怕我们不会穿，于是把子航同学叫到台上一步步为我们示范该如何穿——穿好上衣后，上衣最下方和手臂那附近的衣角里有一根绳子分别系好，然后在下衣(一条长裙)的一头和中部地方分别找到一根绳子将它们系起，最后用裙外的两根白色长绳交差地在腰间缠绕一圈或两圈，在肚子中间系上一个大蝴蝶结就 OK 了！看了示范，我们每个人都把自己的衣服拿出来，开始试穿。只见《无衣》那一组的同学们穿得就像一个个堂堂的将军；《关雎》那一组同学穿得像君子，淑女一般；《桃夭》那一组的女生穿得像出嫁时的少女一样美丽；《淇奥》那一组男生穿得就像一个个两袖清风的翩翩公子。

精美的扮相

张欣然

演出服到货了！我们一个个怀着好奇而向往的心情拆开自己的包裹，穿好自己的服装。《无衣》组的同学们穿着战袍，好似怀着愤怒，即将奔赴战场的将士们；《关雎》组的同学们穿着红白相映衬或蓝白相映衬的衣裳，真是“窈窕淑女，君子好逑”；《桃夭》组的同学们穿着红色和黑色相间的嫁妆，真美丽；《淇奥》组的同学们穿着淡蓝色和白色相映衬的服装一展君子风采。我们——朗诵组的同学们，穿着碎花的白上衣和深蓝的长裙，真是一个个“小古人”，完成了一次“古今穿越”。

我们穿着服装，在报告厅排练。在那古装的“陪伴”下，我们个个分外精神，心里有一种好奇感和新鲜感，我们似乎变成了古代人，被古代文化熏陶了！

演出前准备

苏欣悦

吃过午饭，我们回到教室，为上场定最后的妆容。同学们兴奋极了，如要过节一般开心。

我换上我们组的服装，到孙老师那儿排队。孙老师正在为张亦妍化妆。只见她时而大块上粉，时而轻轻描眉，眼里全都是亦妍的五官。然后，她又给亦妍扎头发，用那纤细的手指在亦妍头发间穿梭，不一会儿就扎好了一个发髻。

这时，章老师叫我去擦口红。口红是大红色的，与我们的衣服十分相衬，大袖一甩，我们仿佛穿越回了古代，同谦谦君子一起习四书五经，同窈窕淑女一起翩翩起舞，同书生学童共品《诗经》之美……美哉！

我回到座位上，正巧我的同桌渡弋在化妆，旁边还站着幸灾乐祸的宸君。我看着他的脸，也笑了。只见紫色的“BB霜”在他脸上化开来，变成牛奶般的颜色，使他整个人精神了许多，也怪异了许多。

我正看着搞笑的同桌，突然有人摸了一下我的头：“你这短头发怎么办？”原来是孙老师。随即，她开始了工作，把我的头发盘了一个又一个“小揪揪”，又在头顶盘了一个发髻。当发卡滑过我的头皮时，我痛得大叫起来。华校站在旁边看着我的发型笑，我便不好意思地住了口。

后来，我们又一起对了一遍台词，就准备上场了。

上台齐诵读

张一凡

“现在有请王琼老师和她的学生们带来精彩的表演——《美哉！诗经》。”我们抱着小板凳，迈着轻盈的步伐，走上舞台，把凳子放下。随着孙老师一个手势，我们整齐划一地踩上小板凳，其他的同学陆陆续续地走上讲台。随即，耳边响起了我们再熟悉不过的伴奏音乐，王老师开始了她那深情的朗诵。我们深吸一口气，气沉丹田，发出了优美的声音，我们越读越带劲，王老师也恰如其分地接上了下一句。

“岂曰无衣，与子同袍……”舞台上响起了我们慷慨激昂的朗诵。我们的心绷得紧紧的，生怕遗漏了任何一个动作或节奏！

《淇奥》是我们的压轴戏！我们很快接上了王老师的气口，表现出正人君子的姿态，精神抖擞，气势威武，我们读出了君子之风。富有激情的朗诵，感染了在场的每一个人。音乐停了，我们还沉浸在《美哉！诗经》的境界里，感受那无须修饰的美。《诗经》文化博大精深，古话说：不学诗，无以言。让我们一起学习《诗经》吧，让我们一起朗诵吧！

激情共飞扬

毕语函

我双手拿着板凳，在脑海里不断地回想着练习时的要点与表演时的动作。到我们上场了，我们从容地走上舞台。台下坐满了领导和老师，我感到十分兴奋与紧张。这时，刺眼的灯光照在了我们的脸上，音乐响起，王老师慢慢走向了舞台的中心：“有一种美，无须修饰，那是从心里流出来的长歌……”随着老师轻柔的声音响起，我忽然走进了一个亦真亦假的境界。我听到了窈窕淑女君子好逑的感情箴言；我看到了在一群袒露的脊背上，迸发出的“胡取禾三百亿兮”的悲愤，听见了出征将士的怒吼；我看到了女子出嫁时的喜庆与归家时的喜悦；我看到了那跳动着生命活力的人情之美，君子之风！

我已经投入到了朗读之中，无法自拔。当音乐到达了高潮，我们的激情也酣畅淋漓地迸发出来，我才从这种令人陶醉的氛围之中醒过神来。同学们也个个意犹未尽，依依不舍地离开了舞台。

背后，只留下大屏幕上“美哉！诗经”几个大字和观众们热烈的掌声。

欢乐同合影

熊子樊

“Yes！”表演结束后，楼道里传来一阵阵欢呼声。

“今天真是太顺利了，竟然没有失误！”“可算是演完了啊！”“今天节奏卡得真准！”“你知道吗，我站在上面好紧张啊！”同学们似乎还回味无穷。我摸着我的心口，闭上眼长舒了一口气，心中有一种说不出的爽快。

到了教室，我们坐下来休息。有些人已经迫不及待地要脱下古装了。“先别慌脱衣服，”谁叫着跑进来说，“老师说一会儿还要拍照呢！”我们坐着等王老师进来。

“整理一下自己的衣服，出去拍照！”王老师走上讲台说道，“竹简的同学带上竹简。”我们跟着老师快步走向操场，平时几个爱疯闹的同学则是飞奔过去的，似乎特别想留下这段美好的回忆。

我们照老师的指导，站队形，摆造型，拍下了一张张照片。拍完照，我们回教室换好衣服，背上书包，有说有笑地出了大门，阳光照亮了我们这一群翩翩少年……

写给孩子的毕业赠言

亲爱的孩子们：

互相陪伴，我们走过这三年不长不短的日子；相互支持，我们度过这三年激情燃烧的岁月。看着你们的面庞从稚嫩到成熟，听着你们的声音从清脆到低沉，呵！长大的你们格外充满朝气和活力！

曾经为你们焦虑过，或许你们还记得老师生气时的难看模样；曾经为你们喝彩过，或许你们还记得老师高兴时灿烂的笑容。你们的欢乐感染着我，让我也变得天真；你们的成长鼓舞着我，让我充满自豪。用这一本《上学记》来纪念我们过往的那些难忘瞬间，无法捕捉的感念将永留我们心底。

阳光而温暖的旅程并未结束，只是在这一站的路口我将你们送别。你们脚下的路正向远方无限延展。前行的路途中会有荆棘与绊脚石，但也会有鲜花与果实。别奢求不劳而获，成功的智者从来不曾懒惰；别害怕艰辛与泪水，成功的勇者从来不曾退缩。

将我的祝福与期待放入你们的行囊，让自信和坚强伴你们左右。相信你们的脚步会更加坚实，个性会更加灵动，言行会更加优雅，期待你们的旅程更加精彩，我会为你们喝彩！

永远爱你们的王琼老师

2020 年夏